做向雅而生的教育

苏东青 主编

中国出版集团　现代出版社

图书在版编目（CIP）数据

做向雅而生的教育 / 苏东青主编. -- 北京 : 现代
出版社，2023.11
　　ISBN 978-7-5231-0578-8

　　Ⅰ．①做… Ⅱ．①苏… Ⅲ．①中小学教育－教育研究
Ⅳ．①G632.0

　　中国国家版本馆CIP数据核字（2023）第192928号

作　　者　　苏东青
责任编辑　　姚冬霞

出 版 人　　乔先彪
出版发行　　现代出版社
地　　址　　北京市安定门外安华里504号
邮政编码　　100011
电　　话　　(010) 64267325
传　　真　　(010) 64245264
网　　址　　www.1980xd.com
印　　刷　　北京政采印刷服务有限公司
开　　本　　710mm×1000mm　1/16
印　　张　　11.25
字　　数　　184千字
版　　次　　2023年11月第1版　2023年11月第1次印刷
书　　号　　ISBN 978-7-5231-0578-8
定　　价　　58.00元

目 录

第三篇 千树万树梨花开——雅行活动

第四篇 春色满园关不住——雅美评价

第一篇

为有源头活水来

——雅正文化

潮州文化，是中原文化的遗存，这种独特的历史传承，在潮州的语言中留下了不可磨灭的印记。举几个生活中常见的例子："走"，潮语叫作"行"，走路即为行路；"吃饭"称为"食饭"，吃茶汤也是食茶、食汤；衣叫作"裳"，整套衣服则是裳裤……这些语句，读起来古意盎然。

而有一个字，不管是在汉语里，还是在潮语方言里，都是十分常见常用，让人赏心悦目、心向往之的，这便是"雅"字。这个字常用来赞叹美丽漂亮的事物，比如"这蕊（朵）花怪（过，非常）雅"……

《诗经》有云："雅者，正也。"意思为正规的、标准的。而它的另一个含义是美好的、高尚的。有趣的是，在潮语中，有一个常用词，叫"势正雅"，把这两个含义有机结合起来，相辅相成。

学校是育人场所，文化基调要既"雅"又"正"。雅正是学校育人方向的保证，是党建引领风清气正文化传承的精神内核，用文雅有礼、方正做人的教育理念，培养正言、正行、正品之人，为党育人，为国育才，这是一切教育的基石。

"问渠那得清如许，为有源头活水来。"雅正是立德树人的开端，我们要把雅正文化融入教育全过程，融入中华优秀传统文化的传承与发展中，在唤醒、感染、点燃、成就的教育双向奔赴里，让学生养成良好的行为习惯，形成健康积极的世界观、人生观、价值观，"势正雅"地茁壮成长！

构建"一核三融六机制"
打造"党建+品质"雅教育

——以高质量党建引领高品质"四优学校"路径探索

广东省潮州市湘桥区城南小学 苏东青

党的二十大报告对实施科教兴国战略提出了新主张、新任务、新要求。教育事关国之根本，国之大计，事关千家万户，民生福祉。要办人民满意的教育，实现教育的高质量发展，我们就要坚持以习近平新时代中国特色社会主义思想为指导，坚持"从政治上看教育，从民生上抓教育，从规律上办教育"，以"小切口"推动"大变化"，走实党建引领高质量办学的深度融合创新之路，以中国式教育现代化助力全面建设社会主义现代化国家。

"不登高山，不知天之高也；不临深溪，不知地之厚也。"在新的"赶考"路上，我们以"一核三融六机制"创建"党建+品质"雅教育，赋予孩子仰望星空的愿景，上有国际视野，胸怀大同；赋予孩子脚踏实地的能力，下要夯实基石，培养人才；赋予孩子创造未来的潜力，根要厚植家国情怀，锻造"国之大者"，引领师生做"顶天立地深根"之

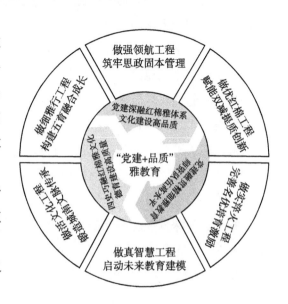

人，向雅而行，向雅而生。

一、党建深融红棉雅实办学思想体系，引领文化建设高品质

学校深厚的文化内涵渗入每个学子的精神肌理。科学鲜明的文化精神和办学思想是一所学校高质量发展的"定海神针"。在实施雅教育的过程中，我们把党建融入"雅正崇实，尚美立品"的办学思想体系，以创建"承百年文脉，育雅正新人"为学校文化特色建设，以"留住木棉红，薪火永相传"缔造学校新时代的"红棉精神"，以培养"六雅学子"为育人目标，希望每个浸润过红棉雅文化的人都具有"红棉品格六雅素养"：能有一种乐施向善的悲悯情怀，德雅润人生；能有一种知书达理的谈吐自信，言雅传文明；能有一手漂亮的汉字书法，字雅承经典；能有一种乐学向上的诗书气质，博雅志高远；能有一项成为爱好的艺体特长，艺雅扬个性；能有一种胸怀大同的国际视野，心雅养大气。通过抓好历史传承，以党建铸魂凝练新时代背景下的办学文化，形成"雅正堡垒、雅和团队、雅行育人、雅慧课程、精雅评价、雅美服务"一体化办学体系，做到爱党爱国政治核心与红棉雅实育人品牌相融合，擦亮"家门口优质学校"百年金字教育品牌。

（一）领导班子优：做强领航工程，筑牢思政固本管理机制

"万里之船，成于罗盘。"学校领导班子思想正不正，方法好不好，直接影响着学校的方向和发展。因此，作为"火车头"的学校领导要认真落实"一岗双责"，把深入学习贯彻习近平新时代中国特色社会主义思想作为重要政治任务，健全党管一切机制，做强"六个一起"领航工程，即一起精进学思践悟、一起谋划全局思维、一起坚持实事求是、一起部署行动自觉、一起精实过程管理、一起抓实调研考核，形成全校干事创业的良好氛围。班子成员要紧紧围绕立德树人的根本任务，搭建广东省党代表工作室、名校长工作室、校本研修示范校三大平台，书记、校长、教师三位一体"结对子"，共同打造"思政金课"主线，构建"大思政"格局，将以党史学习教育、社会主义核心价值观教育、革命传统教育、中华优秀传统文化教育等内容融入各学科，把"课程思政"和"思政课程"统一起来，把校园小课堂与社会大课堂结合起来，线上线下齐推进，上好思政"第一课"，扣好人生"第一扣"，加大红色基因植入学校思政教育的力度，激发融合发展的内生动力，打造校园思政品牌。

（二）党员队伍优：做实淬火工程，完善名优培育激励机制

党建强，队伍优，学校兴。要想把党建品牌特色培育贯穿于日常管理各环节，就要结合学校办学定位和特色定位，充分调动和发挥党员教师的积极性、创造性，持续开展"一支部一品牌、一级段一特色、一学科一策略"的比学赶超活动，采用浸入式党建，将红棉雅正"三亮一树"党组建设与名优人才梯队建设深度淬火融合，同频共振，有效提升党建引领的向心力和影响力。完善有利于各类人才脱颖而出的选人、用人、培养和发展机制，通过"五修五雅"先锋岗引领争先创优。一修"研"：围绕一个年度集备专题，开展"主题+课例"式教研，引领教师以问题为导向，寻找日常教学中的"真问题"，以小课题的方法"真深究"，让教育与研究共生共长。二修"诊"：检查备课、作业批改和蹲点抽查未达标教师的常规业务、班级管理，为教学诊断研究提供依据。三修"赛"：每学年举行青年教师学科素养大赛、班主任技能大赛、全体教师基本功比赛等，以赛促教促研。四修"课"："学教评"大单元整合上课、说课、听课、评课，每位教师都要有自己的精品课，新教师上合格课、青年教师上优质课、骨干教师上示范课、师徒同课异构上亮相课。五修"雅"：学校制定一套"红棉五雅"师培规划体系，依"新雅教师—修雅教师—名雅教师—博雅教师—智雅教师"构建青蓝梯队，练兵磨砺，实现教师队伍雅慧双修、多模发展全优化。通过"明标准、搭台子、压担子、树旗帜"，让每个党员担当改进课堂教学的"主先锋"，成为引领课题研究的"领头雁"，做到"平常时候看得出来，关键时候站得出来，危难之际豁得出来"。

二、党建融贯精细化教育管理全过程，引领师资队伍高水平

在学校内部精细化管理中，要切实树立起每个人都是"组织人"的制度意识，确立"一面旗帜、一名党员、一位行政、一个榜样、带动一片"的思想，建立党建引领全员、全过程、全方位"三全育人"的工作格局。党总支全面统筹学校各部门、教育教学各环节、人才培养各方面的育人资源和育人力量，积极挖掘各类群体、各个岗位的育人要素，以"设置岗位，充分授权""目标共享，赋能提升"为抓手，打造网状组织管理体系，通过潜心教育、静心修业强队伍、精心管理高效率、用心教研提质量、热心服务树形象，着力打造"有信仰、情怀深、专业强、勇创新"的教师队伍，实现各项育人工作的协同协作、

同向同行、互联互通。

（一）教师队伍优：做精红棉工程，赋能双减提质创新机制

在实现中华民族伟大复兴中国梦的教育强国路上，我们要始终秉持"优教优学优质"的教育理念，坚持"以质量促发展，以特色铸品牌，以双减促双提"的思路，做精做优三个聚焦，赋能红棉工程。

1. 聚焦教育科研"1234"策略，方法赋能

教师教学科研能力提升是学校教育实现高质量发展的关键点之一，教育科研"1234"制度的实施，目的在于为教师专业化发展提供方法赋能。"1234"策略主要包括："一定"，即把教师教育科研定位在学校总课题统领下的小切口问题连贯研究应用上；"二抓"，即抓课题选择，抓方案设计；"三全"，即全面规划，全员参与，全过程管理；"四助"，即理论上辅导，课题上参谋，资料上支持，方法上指导。课题研究设立"学校总课题—项目子课题—个体小课题"三级课题研究共同体，开展全方位的实践。研究过程采用"顶层设计，整体建构（校长室）—三级课题，同步推进（教导处科研室）—分层培训，教育实践（各处室）—积累案例，资源建设（各子项目）—专业论证，提炼范式（各科组）—实践检验，总结提升（总课题组）"的组织管理体系，要求各个学科科组围绕总课题确定自己的研究专题，再由教师结合自身的教育特点和优势，自主选择子课题研究方向，形成人人有研究、科科有课题的局面。"基于智慧教育发展背景下学校雅实育人特色的研究与实践""构建双减背景下和雅共生的校本集备新模式""学校家庭社会三结合劳动教育的实践研究""小学语文大单元整合'学教评'教学模式探究""探索和雅智慧协同式发展校本研修新路径"等多项从学校管理和学科教学出发的省、市级立项课题，促使教师主动在一线发现问题、思考问题、解决问题，实实在在做，真真正正研。在每年的"红棉杯"校本研修"智减负·雅课堂·慧育人"课堂教学展示评比中，各课题组教师均能聚焦学科核心素养，展示各级在课题研究的阶段性成效，把研究的成果运用于构建轻负高质的课堂教学中，实现研教同步，以研促教提质，使教师的思考力、研究力和课堂教学质量同步提升。

2. 聚焦雅慧课程"三阶"推进，课堂赋能

在"双减"背景下，课程建设更是学校特色办学的核心"宝典"。我们围绕"六雅"育人目标，构建由基于综合素养的融雅整合课程、基于艺体培养的尚雅贯通课程、基于兴趣所长的乐雅个性课程组成的"三雅阶梯课程"，建设由高质量的一日生活课程、高效能的校内三级课程、高同步的"校家社"一体研学组成的"三高体系"，形成五育并举全面育人的发展型闭环。为深入贯彻"双减"政策，充分激发学生的学习兴趣，减轻考试负担，让孩子快乐健康地成长，我们率先探索无纸化综合测评新途径，开展低年级期末闯关游学活动，将书本上的知识变成了一个个有趣的"小问题""小游戏""小情境"，回归教育本真，让学生在欢声笑语的闯关中实现学科的综合化和多元化评价。负减，爱不减，责不减；量减，质不减，效不减；试减，快乐不减，成长不减。减负、提质、增效，已经成为学校教师的自觉行动。

基于综合素养的
融雅整合课程

基于艺体培养的
尚雅贯通课程

基于兴趣所长的
乐雅个性课程

3. 聚焦"校家社""345课后模式"，多元赋能

校园是学生生长想法的地方，我们应该为学生建设一个充满选择的校园。学校以"无墙公校345课后模式"打通校家社联动合育，"校家社""三位一体"同心教育，构建机制共建、多方共联、资源共享、协同共治"和雅四共"体系，开发劳美非遗课、年级特色操、班级悦读坊、走班万花筒、行业百科课等"作业+五样态"多维度项目式活动课程，推动学校课程整合优化，实现学校课程体系从碎片化走向逻辑化。全体教师发挥各自的专长与爱好，首创校内百师园非遗大师工作室，搭建陶艺工作室、艺术创作工作坊，为"校家社"联通提供平台，让更多的老师、家长走进课后服务，开发了一百多门"老师有料、学生有趣、家长有源"的艺体、生活、科创课程。在"行业百科"课堂，从潮州工夫茶艺到动漫制作，从党史学习到防疫小知识，从少年瑜伽到科学小实验，从潮州木雕到播音主持……不同专长的家长发挥专业才能，孩子们在老师、家长的带领下了解各行各业，学到与课堂中不一样的知识，把学校小课堂延伸到社会大课堂，家校为学生提供学习机会和成长平台，提升学生的综合素养。学校"一级一非遗""一班一特色""一年一体操""一天一样态"的红棉课后创意服务，助力学生成长过程中对交往、活动和特长培养的需要。广东电视台等多家媒体对学校整合校外专业师资、校内特长教师、家长行业百科等资源开设"作业+五样态"一百多个课后活动项目的做法予以推广。学校面向全国线上直播的课后服务展示活动点击率高达1.72万次，点赞3万人次。

一级一非遗：

一班一特色：

一年一体操：

（二）名师引领优：做真智慧工程，启动未来教育建模机制

学校坚持党管人才方针，以信息技术教育能力提升2.0工程为契机，探索"党建+智慧"未来教育办学模式，发挥广东省名校长工作室和广东省校本研修示范学校两平台的资源和引领作用，以赋能、展示、蜕变、成长的智慧共享方式，打造智慧化技术支持的高效课堂。实施"三名"优教工程，从基于技术参与的教学过程、基于数据分析的教学优化、基于实证分析的教研合作、基于个性张扬的教研自由等方面，探索智慧教育环境下和雅教师协同式发展的锻造机制，拓宽名师辐射路径，让更多名优骨干找到兴趣与专业发展的契合点和生发点，从"名师"到"明师"，实现教师"慧教"，学生"慧学"，学校"慧管"，助力区域帮扶、承办省培项目等向外辐射和智慧共享发展，更好地迎接未来教育的挑战。

三、四史教育巧融校史红棉精神传承，引领育人建设高质量

我校充分活用城南百年名校、英才辈出的红色资源，深入挖掘党史四个阶段发展历程中学校爱党报国杰出校友的英雄事迹和精神品质，以"童心向党 红棉英雄"为序列，通过"救国大业，革命英雄，红棉铮魂；兴国大业，建设英雄，红棉浩气；富国大业，改革英雄，红棉风骨；强国大业，平凡英雄，红棉争妍；强国有我，城南少年，红棉凌志"五大版块，构筑起一道亮丽

的"红色教育风景线",砥砺学行,立志报国,为党育人,为国育才。

（一）教育质量优：做细雅行工程，构建五育融合成长机制

我们积极创新雅行德育、精细管理八大文化特色，完善"德雅、言雅、字雅、博雅、艺雅、心雅"六雅融合德育课程体系，以雅育雅，以雅导行，以行促雅，做到红棉雅育"全活新"。全：以立德树人为根本目标，在"雅"文化的引领下，学校少工委组织健全，制度完善，将少先队工作纳入党建和学校工作计划，通过大队少先队室、红领巾广播站、小主持人班、国旗班、鼓号队、红棉志愿管理岗位六个工作版块，发挥学生的主人翁精神，加强对干部能力培养。活：构建"红棉文化大讲堂、家长红色课堂、红色经典学科展、红领巾研学导播、红领巾学史争章"等党课引领队课一体化思政实践课程体系；积极开展"小灯塔宣讲员""红棉小讲解员""红色小先锋""党建引领学雷锋　亲子创卫大行动""喜迎二十大　争做好队员"等系列队建活动，拓宽教育路径，提升育人质量，赓续精神血脉。学校大型主题队日多项活动盛况被多家媒体报道，并登上学习强国。新：学校的主要资源应当用于增进每个人的工作能力，而不是预测和选拔英才。为了让每个学生都能找到适合自己发展的方向，少先队大队部创新红领巾奖章评价体系，实施红棉雅娃十雅争章评价方式，把城南好少年红领巾奖章个人、集体评选融入学生成长评价体系，全面促进学生五育并举齐发展。学校少先队大队成为省第一批获得"红领巾奖章"的集体，获四星章，为潮州争得了荣誉。

（二）办学成效优：做活文化工程，锻造城南文脉传承机制

学校党组织融合潮州"山水宋城"资源，大力弘扬"潮州精神、工匠精神、红棉精神"，追求精益求精的"精致"内涵，追求乡土认同与国家认同的统一，找准切入点、落脚点、共生点，多方并举，整合资源，融合创新，做到红棉志愿"精实美"。精：建立社区+场馆+家校合作共同体，精心打造"红棉精神传承长廊""最美班级红色书屋""非遗大师工作坊""学而轩"悦读空间等各类平台，举办"红色经典""中华非遗文化进校园"等系列活动，做活文化工程，涵养学生文化自信，夯实"文化育人"基础，共同讲好文化故事。实：推行学雅规、同雅教"校家社"文化共建教育，深入细化《校家社整合融创，构建教育共同体》同心教育培训，宣传家庭促进法；"生活即教育"，搭建校外"三味四时"劳美亲子实践基地，为亲子和谐共育、劳美技能文化传承提供生活教育平台。美：红棉家长志愿者团队不断发展壮大，志愿活动成为家长自发自主踊跃参与的"义举"。志愿平台在线注册2255人，每学期志愿服务均在400班次以上，参与家长5500人次以上，为文明潮州和学校教育保驾护航，受到社会各界和广大群众的赞誉。身边的榜样是最好的家教，在志愿活动过程中，淳朴和美的家风文化悄然绵延。

"参天之木，必有其根；怀山之水，必有其源。"正是因为党建工作与学校特色办学的深度融合，红棉雅实教育走上高质量发展的快车道，学校捷报频传，硕果累累，办学声名远播，名扬南粤。学习强国、中央电视台、广东电视台、潮州电视台、《南方日报》、《羊城晚报》、《潮州日报》等多家媒体先后推介雅实教育的办学特色和成效。在新时代的征程上，作为教育工作者，我们更要激发"心"动能，以新担当展现新作为，以党的建设高质量推动学校发展高质量，让党建品牌"亮"起来，为办好人民满意的基础教育做出更加积极的贡献！

参考文献

［1］李斌.改变世界，以教育的方式：北京十一学校变革启示录［M］.上海：上海教育出版社，2020.

［2］B.S.布卢姆等.教育评价［M］.邱渊，王钢，夏孝川，等译.上海：华东师范大学出版社，1987.

寻根百年英雄颂　以文化人红棉雅

——四史教育深融学校精神文化谱系的实践探索

广东省潮州市湘桥区城南小学　苏东青

党的二十大报告指出要"弘扬以伟大建党精神为源头的中国共产党人精神谱系，用好红色资源，深入开展社会主义核心价值观宣传教育，深化爱国主义、集体主义、社会主义教育，着力培养担当民族复兴大任的时代新人"。中国共产党的百年历史是党与人民心连心、同呼吸、共命运的不懈奋斗史、理论探索史、自身建设史，是无数共产党人勇往直前践行初心使命的瑰丽史诗和英雄赞歌。他们前赴后继为党为国的伟大事迹和英雄品质是一笔十分宝贵的教育资源，学习好、利用好、弘扬好，让他们的精神成为常年流淌校园的主旋律，成为深植学生心灵的文化底色，这是我们面对当下世界格局不断演变应有的教育担当和使命。"靡不有初，鲜克有终。"初心不会自然保质保鲜，使命须臾不可忘记。因此，笔者认为在迈向实现中国式现代化的进程中，学校要深挖红色基因，从精神文化顶层设计上抓好历史传承，做到以文化人，雅正育人。

有鉴于此，笔者根据任职的广东省潮州市湘桥区城南小学的校情和特色，充分挖掘这所有着近780年文化历史、广东省为数不多的"百年老字号"红色学校的思政教育资源；从党的百年奋斗历程中汲取智慧和力量，深刻把握教育事业所处的时代方位；以"历程史话—英雄校友—红棉精神"为主线梳理凝练学校独有的人文教育精神谱系，发挥革命志士、学术大师、兴业英才、治国人才的榜样育人作用，培根铸魂，启智润心，在一代又一代人心中赓续中华文脉之魂，厚植家国情怀之本。

一、开天辟地，救国大业，革命英雄，红棉铮魂

在新民主主义革命时期，1921年7月中共一大召开，中国共产党成立，揭开了中国历史的新篇章。"天地英雄气，千秋尚凛然。"我们将我校这个时期最具代表性的优秀校友李春涛、蔡英智、洪灵菲、柯国泰、戴平万等革命英雄的事迹整理出来，通过他们以血肉之躯点燃"为有牺牲多壮志，敢教日月换新天"的革命烈焰的感人故事，凝练出革命年代英雄校友"红棉铮魂"的精神谱系：赤诚爱国，坚持真理，坚守理想，不屈不挠，不怕牺牲，用青春和生命渲染壮烈木棉红。学生化身红棉文化讲解员，在"读听讲演诵"中感受铮铮铁骨英雄魂，追寻英雄足迹，传承革命精神，争当薪火相传城南人，实现强国复兴，告慰忠烈志士！

二、改天换地，兴国大业，建设英雄，红棉浩气

在1949年10月1日的开国大典上，毛泽东主席向全世界庄严宣告："中华人民共和国中央人民政府今天成立了！"这从根本上代表着旧中国的半殖民地半封建社会从此成为历史，中国正式进入社会主义革命和建设的新纪元。在新中国艰辛探索、热火朝天的社会主义革命和建设时期，从学校走出去的杰出校友纷纷投身新中国火热建设，将个人命运与国家前途紧紧绑在一起，用豪情和实力创造了人间奇迹。他们当中有书画艺术大家佃介眉、外交家柯柏年、"译圣"梅益、国学大师饶宗颐、作家碧野、文学家薛汕、爱国侨商刘贵海、教育名家吴修一等一大批"建设英雄"。一代人有一代人的使命，一代人有一代人的担当。我们引领师生追随他们一生奋斗不息的脚步，从新中国建设者的成长故事中找寻属于那个激情燃烧岁月的英雄精神的"密码"：奋发有为，上下求索，自强不息，不畏艰难，砥砺奋进，用热血与智慧缔造新建设丰碑。浩然正气红棉魂，永担使命城南人，栋梁之材的"建国精神"，成为激励代代学子砥砺前行的典范。

三、翻天覆地，富国大业，改革英雄，红棉风骨

改革开放和社会主义现代化建设，是我们党的一次伟大觉醒，是中国人民和中华民族发展史上的一次伟大革命，孕育了我们党从理论到实践的伟大创

造，推动了中国特色社会主义事业的伟大飞跃！

人民是改革开放伟大奇迹的创造者，是推动改革开放的力量源泉，在波澜壮阔的改革开放和社会主义现代化建设中，外交大使郑锦炯、党政领导卢瑞华、文史学家曾楚楠等众多优秀校友，怀揣实现国家繁荣富强的愿景，以敢闯敢干的勇气和自我革新的担当，书写了个人奋斗和国家发展的改革篇章。红棉风骨今犹在，富家强国代代传。他们身上那种"闯"的精神，"创"的劲头，"干"的作风，锐意进取、敢为人先、勇立潮头的"改革开放精神"，以及对学校的深厚情感，融入"城南学堂"的一墙一瓦、"学而轩"悦读空间的楹联书画、"红棉文化大讲堂"的现场讲述，感召师生紧随"改革英雄"的步伐，不负韶华，追求卓越！

四、惊天动地，强国大业，平凡英雄，红棉争妍

党的十八大以来，以习近平同志为核心的党中央团结带领全国各族人民，统筹推进"五位一体"总体布局，协调推进"四个全面"战略布局，推进国家治理体系和治理能力现代化，推动中国特色社会主义进入新时代，迎来中华民族从富起来到强起来的伟大飞跃。伟大出自平凡，平凡书写伟大。在奋进新征程的赶考路上，学校涌现出无数在各自岗位上创造辉煌业绩的平凡英雄，群英荟萃。他们把初心融入工作，把使命挑在肩头，用"忠诚为民，执着坚守，敬业乐群，拼搏奉献，奋力逐梦"诠释属于这个时代的英雄底色与担当，用不凡的力量推动复兴与进步。身边的"平凡英雄"如红棉争妍绽芳华，用榜样和示范点燃爱党报国的火把，促使师生更加坚定信念，接续奋斗，奋发有为！

五、强国有我，请党放心，逐梦少年，红棉凌志

生在红旗下，长在春风里。穿越世纪风云，百年大党风华正茂，新时代青年正当其时，中华民族伟大复兴的光荣与梦想在世界东方升腾。未来属于青年，希望寄予青年。中国奋斗征程上的每个奇迹，都凝结着青春奋斗的力量；每次抵达，都闪耀着青年心中的梦想。无论是过去、现在还是未来，中国青年始终是实现中华民族伟大复兴的先锋力量。

民族复兴的使命要靠奋斗来实现，人生理想的风帆要靠奋斗来扬起。年少多壮志，青春应许国，逐梦扬帆恰少年，乘风破浪正当时。致敬历史的最好方

式就是传承与创新，学校的"五星级"党员、优秀教师深耕教育，先锋引领，许党报国，争当教育"大先生"、"四有"好老师。莘莘学子童心向党，学习杰出校友英雄事迹和优秀精神品质，全面发展，立志强国，争当中国梦的"复兴者"、少先队"十章好少年"，践行"请党放心，强国有我"的铮铮誓言，以吾辈之青春接续前人之火炬！

百年文脉，根于一系，四史教育，巧融校史，红棉雅正，无痕育人。学校以"历程史话、英雄叙事、红棉品质"深度交融的方式梳理文化基因，清晰地在师生心中构筑起立德树人的精神文化传承体系和脉络，形成"留住木棉红，英雄活榜样，薪火永相传"新时代红棉精神谱系。抬头可见的文化、无处不在的渗透、入脑入心的涵养，赓续红色血脉，播下精神火种，让每位从这里出发的教工学子，坚定"爱党爱国爱乡爱校，立学立教立身立志"的理想信念，树立文化自信，以红棉树为样、以红棉品为行、以红棉人为荣，学史明理、学史增信、学史崇德、学史力行，共同为实现中华民族伟大复兴而砥砺奋发！

参考文献

［1］习近平.高举中国特色社会主义伟大旗帜　为全面建设社会主义现代
　　化国家而团结奋斗——在中国共产党第二十次全国代表大会上的报告
　　［M］.北京：人民出版社，2022.

［2］中共中央宣传部.习近平新时代中国特色社会主义思想学习问答
　　［M］.北京：学习出版社，人民出版社，2021.

论雅美劳动之育人路径

广东省潮州市湘桥区城南小学　张烨

教育是国之大计，党之大计。习近平总书记在党的二十大报告中提出"实施科教兴国战略，强化现代化建设人才支撑"，凸显了教育的基础性、先导性、全局性地位，彰显了以人民为中心发展教育的价值追求，为推动教育改革发展指明了方向。

习近平总书记在党的二十大报告中强调："培养什么人、怎样培养人、为谁培养人是教育的根本问题。育人的根本在于立德。全面贯彻党的教育方针，落实立德树人根本任务，培养德智体美劳全面发展的社会主义建设者和接班人。"

一、构建雅美劳动课程

劳动教育是要在学生中弘扬劳动精神，教育引导学生懂得"劳动最光荣，劳动最伟大，劳动最美丽"的道理，使学生长大后能够辛勤劳动、诚实劳动、创造性劳动。劳动可以树德、可以增智、可以强体、可以育美，具有综合育人价值。劳动教育是新时期党对教育的新要求，是中国特色社会主义教育制度的重要内容。加强劳动教育，关系到亿万青少年全面发展、健康成长，关系到国民综合素质的提升，对培育和践行社会主义核心价值观，传承和弘扬中华民族优良传统，培养担当民族复兴大任的时代新人具有重大意义。

小学劳动教育重在引导学生在日常化的劳动实践中初步体验劳动的价值。鼓励学生通过图文的形式记录自己的劳动体验，形成自己的专属"劳动成长手册"。通过研究，我们构建雅美特色劳动课程，根据学生的年龄特点，从低到高设置多个层次的课程内容：家务体验劳动、简单厨艺实践劳动、认识劳动基地植物、劳动基地农业生产劳动和工匠生产劳动（陶艺、剪纸等非遗项目）。我们通过不同的课程内容将劳动教育细化到日常的劳动课中，将雅美劳动真正落地实践。

二、打造"三味四时"劳美基地

学校利用区政府开辟的劳动教育实践基地，建设"三味四时"劳美基地，精心规划种植的内容，打造"中草药、蔬菜、鲜花"综合性基地，让劳动基地发挥种植园、趣味园、技能园和文化园的育人作用。

加强劳动教育首先要学通习近平总书记关于教育的重要论述，特别是新时代劳动和劳动教育的重要论述，准确把握新时代劳动教育内涵，明确劳动教育重点，把劳动教育做实、做到位。习近平总书记多次强调要在全社会大力弘扬劳模精神、劳动精神。让劳动光荣、创造伟大成为铿锵的时代强音，让劳动最光荣、劳动最崇高、劳动最伟大、劳动最美丽蔚然成风。这是马克思主义劳动观的重大发展，也是新时代党对劳动教育的根本要求。新时代劳动教育的主要使命就是让学生牢固确立"四个最"的劳动价值观，旗帜鲜明地反对一切不劳而获、贪图享乐、崇尚暴富的错误思想，让中华民族勤俭、奋斗、创造、奉献的劳动精神在一代又一代青少年身上发扬光大。

如何弘扬劳动精神？劳动精神是在劳动实践中培养出来的。劳动教育不能泛化。我们突出种植劳动教育重点，组织学生实实在在地劳动，以体力劳动为主，让学生在劳动中出力流汗，坚持日常生活自理，定期到基地劳动，到社会上参加义务劳动，完成一定劳动任务。只有这样学生才能接受锻炼，磨炼意志，强化责任担当，切切实实地感受、体认到最光荣、最崇高、最伟大、最美丽的劳动价值，进而尊重劳动、热爱劳动、崇尚劳动。今天的学生绝大多数是在不愁吃穿的环境中长大的，因此培养他们吃苦耐劳精神、奋斗精神更为重要，也更有挑战性。对学生的劳动教育不仅要有质的要求，还要有量的规定，不能停留在一般号召，更不能在课上"听"劳动、在课外"看"劳动、在网上"玩"劳动，要坚决防止形式主义，防止弄虚作假和走过场。

通过在劳动基地的日常劳动过程，帮助学生树立正确的劳动观念，培育积极的劳动精神，培养必备的劳动能力，养成良好的劳动习惯和品质。必须面向全体学生，贯通高中低各学段，遵循教育教学规律和人才培养规律，有序安排劳动教育内容要求，形成各学段依次递进、贯通一致的劳动教育制度，把劳动教育任务落到实处。

三、形成家校社协同劳动教育共同体

家校社合作共育给家长提供了一个重要的学习机会和成长平台。通过劳动让家长参与子女的学校教育，这是家长的权利、义务与责任。参与孩子劳动教育的过程，也是家长树立权利意识和责任意识的过程。通过沟通、协商乃至妥协来解决孩子的教育问题，有助于家长更加积极地投入社会生活。同时，孩子的教育，对于家长也是一种再次成长的动力，让家长在性格、人格、学识的不断进步中，给孩子树立更好的榜样。

生活靠劳动创造，美好人生也靠劳动创造。期待劳动教育在校园、在家庭、在全社会蔚然成风，在学生心中生根、发芽、枝繁叶茂。期待学生动手实践、出力流汗，接受锻炼、磨炼意志，用双手成就美好未来。

参考文献

［1］刘忱. 加强劳动教育　锻造时代新人［J］. 红旗文稿，2020（10）：38–39.

［2］中华人民共和国教育部. 义务教育劳动课程标准（2022年版）［M］. 北京：北京师范大学出版社，2022.

潮乐雅韵助力校园文化建设

广东省潮州市湘桥区城南小学　庄溯澜

近年来，全国各地学校结合地域特点和自身实际，将一些优秀的传统文化内容引入学校教育中，不仅很好地丰富了学生的校园文化生活，也进一步弘扬了中国传统文化。如何让潮州音乐在青少年中进行推广是摆在音乐老师面前的一个课题，我们需要身体力行地做好民族音乐传承的教学实践。

一、音乐教育的重要性

音乐作为一门听觉艺术，是以声音塑造形象，以情感为主要内容的基础课程，以其特有的方式在个体发展、教育发展以及社会发展中发挥着十分重要的作用。音乐教育的本质是通过音乐艺术对学生进行审美教育，它的全部过程是以体现审美为核心的"雅正"育人过程。音乐育人能够丰富人的情感世界、提高人的精神世界、激发人的创造才能。音乐教育具有德育功能、益智功能、健体功能。它包括唱歌、音乐知识、技能训练、音乐欣赏等部分。音乐教育通过音乐艺术形象的感染培养学生的审美能力、创造思维与创造力。总的来说，音乐教育对促进人的全面发展具有重要作用。

二、潮州音乐教育的现状

潮州音乐是独具地方特色的乐种，与潮州人的生活环境、习俗，特别是地方语言有着密切的关系。潮州方言是广东方言中独具特色的方言。然而受到当前流行文化的影响，很多潮州青年盲目排斥传统文化，不会说潮州方言或者对潮州方言没有感情与兴趣，而且较少受到潮州音乐的熏陶，缺乏对潮州音乐的了解与认识。教师对音乐中的文化理解不够深，缺乏对潮州音乐的传承意识，也是潮州音乐教育缺失的原因。

在上学期，为了更有效地推动潮州乡土艺术进校园，更加真实了解潮州歌册（童谣）的现状，笔者在我校进行了不记名问卷调查。由调查结果统计得知，当今的潮州学生对潮州歌册（童谣）的认知、接受情况不容乐观：学生对潮州童谣只是略知一二，在谈及认识和了解潮州童谣的途径时，选择通过老一辈以口头方式传播的占86%以上。大家几乎一致认为潮州歌册（童谣）的传播方式是通过老一辈口头传授的。我们希望可以在"朝霞"中传承潮州歌册（童谣），而不是在"夕阳"的怀中喘息着。但值得欣慰的是，有80%的人感受到潮州歌册（童谣）即将消逝的现状需要迫切重视，其余12%和8%的人分别选择看条件和无所谓两个选项。可以看到，大家对本土文化还是喜欢的，觉得应该重视这一问题。

当今潮州学生对家乡方言疏远。调查发现，90%以上的学生选择使用普通话进行日常交流，能够正确将普通话所要表达的意思翻译成潮州话的小学生寥寥无几。显而易见，当今学生对潮州方言的学习意识淡薄。随着社会的发展，歌册（童谣）中所反映的很多传统习俗如"出花园"等旧时习俗与当代学生的生活产生了很大的差异，他们对家乡的旧习俗产生了陌生感和距离感。

三、开展潮州音乐教育的目的与意义

雅正是立德树人的开端。在学校开展潮州音乐教育，能够加深学生对本土文化的认识与了解，使学生认识到潮州音乐内涵的丰富、潮州音乐品种的多样、潮州音乐演奏形式的多样，也有助于学生了解我国丰富多彩的民间音乐，以及我国民间音乐的发展历程和文化传统，树立文化自信。我们要在中华优秀传统文化的传承与发展中，使学生形成健康向上的世界观、人生观、价值观，"雅正"成长！

1. 理论意义

潮州音乐是珍贵的文化遗产，我们应该继承与发扬潮州音乐文化，大力推动潮州文化继续向前发展。

（1）文化传播的窗口

潮州特色艺术反映潮州悠久的历史文化。从潮州音乐、潮州歌谣、潮州方言歌曲艺术等入手进一步了解潮州的地方特色和文化，有利于传播潮州文化，是促进建设"文化潮州"的重要举措，也是当前广东"文化强省""经济强省"战略的具体体现，是传播中华优秀文化的重要途径。

（2）文化传承的桥梁

深入挖掘潮州艺术特色文化，传播丰富潮州文化，提升潮州音乐、潮州歌谣艺术的文化内涵，更好地为传播中华优秀文化起到桥梁作用。

2. 实践价值

（1）提升素养的阶梯

优秀传统文化是中华民族的魂，是中国人的根。受应试教育惯性的作用，一些学生对优秀传统文化漠视，加上经济全球化的浪潮席卷中国，各种西方文化对我国社会特别是青少年的影响越来越大，直接导致学生优秀传统文化素养每况愈下。通过推广潮州音乐，可以给潮州音乐文化注入发展动力，使青少年领略潮州音乐文化的独特魅力，这有助于加深学生对潮州本土文化的认同感，对潮州文化产生热爱之情，增强文化自豪感，既有效提高学生优秀传统文化素养，同时又能促进学生综合素养的提高。

（2）培育老师的平台

通过推进潮州音乐教育，可以培养出一批爱潮州音乐、懂潮州音乐，愿意为潮州音乐的传承发展做出贡献的好老师，让潮州文化世代相传。

四、开展潮州音乐教育的一些措施

1. 树立"民族音乐观"的教育理念，激发学生对本土文化的自豪感

潮州音乐是民间音乐，也是民族音乐中的一朵奇葩。学校要深入挖掘本校的教师资源，通过有针对性的学习与培训，逐步培养出一批校内的传统文化教师以满足教学需求。

老师首先要弘扬民族音乐、理解音乐文化的多样性，立足于本土文化、立足于学校实际，树立"民族音乐观"，以教育现代化为抓手，体现个性，彰显地方特色，把潮州特色艺术请进校园，丰富校园文化，从而更好地实施素质教育。其次要引导学生学习潮州音乐的历史和文化内涵，激发学生对潮州音乐文化的自豪感。潮州音乐从记载到现在有近千年的历史，是中国三大古乐之一，其中还保留有宫廷音乐的元素。它是一种多元音乐文化的融合，风格特色、千姿百态，可以称得上民族音乐的"活化石"。上课时，笔者播放了方锦龙老师解读潮州音乐与唐代关系的视频，同学们不由发出赞叹之声，对本土音乐的自豪感油然而生。

2. 让潮州音乐充盈我们的音乐课堂，培育"雅正"少年

传统文化进课堂不是搞噱头，更不是作秀。优秀传统文化走进校园，应按照教育规律办事，科学规划、统一安排，让传统文化教育与学校教育紧密融合起来。不盲目引入，不追风逐利，我们应选择符合学生的年龄特点，寻找潮州音乐的"雅"与学生兴趣的"点"的契合，激发学生的学习兴趣，着重选择有代表性的名曲和对学生发展有价值、容易为学生所接受的潮州音乐，这样才有利于我们教育教学的开展，使学生更容易接受和学习，从而让学生形成"雅正"审美观。

很多音乐老师会问学生："你们知道我们的潮州音乐吗？"这时，学生脸上往往露出不同的表情：有的一脸茫然，有的深深地吸了一口气，有的和周围的同学互看了一眼，嘴角一抿，有的则在底下窃窃私语……用现在最为流行的说法就是：这些古老音乐已经不能吸引当下的年轻人了。时代在变迁，我们不妨尝试给他们欣赏一些加入现代流行元素的古老音乐。比如2018年《国乐大典》，汕头艺术学校挑选全校精兵强将组建了海上城潮乐团，融合各种潮州音乐的特色乐器，老中青年龄段相结合，以潮州大锣鼓为中心，配合弦乐与吹管乐，在扎根传统的基础上，以创新引起潮州音乐的新浪潮。笔者将本次比赛的潮州音乐曲目下载给学生看，让他们更直观地接触优秀的潮州音乐，拉近与民间艺术的距离。看到身边的潮州大锣鼓、潮州布马舞等艺术被搬上华丽的舞台，得到全国观众和专家的高度评价，学生的心灵深受震撼。随着音乐的变化，学生的掌声不断响起。

3. 搭建展示的平台，营造潮州音乐"雅"文化氛围

在实践中，我们欣喜地发现，学生对潮州文化遗产存在着深深的感情，对潮州的音乐艺术等很感兴趣，可见"潮州文化"源远流长，根系发达。学校可以在校园广播中播放学生的吟诵潮州童谣、演唱潮剧和音乐作品。除了在课堂上面向全体学生传播潮州特色文化，我们还把潮州童谣请进第二课堂，推优培优，突出个性，为喜欢潮州文化的学生搭建活动平台，以潮州优秀传统文化引领学生健康成长。学生在这里除了更深入地学习潮州特色文化，还享受潮州特色文化带来的快乐。他们学会了一首首潮汕童谣，并在各种文艺会演中进行展示，在校园里营造潮州音乐文化"雅"氛围。

4.通过各种实践途径，品味潮州音乐"雅"文化

要唤起潮州孩子对潮州音乐的喜爱，从而唤起潮州人对具有本土特色的民间文化的保护意识，我们可以借助寒假潮州民间艺术丰富多彩的契机，让家长带领孩子用自己的方式记录潮州民间音乐表演等活动，让孩子去关注和品读潮州民间音乐文化。通过亲身实践和体验参与，学生对潮州音乐文化的兴趣大增，有学生用照片记录下来制成手抄报，有学生拍成视频《韩水之滨　童谣悠扬》为家乡宣传。

音乐教师应努力传承民族音乐文化，让潮州音乐文化在青少年心中生根，让优秀传统文化在青少年中传承，培育雅正好少年！

参考文献

迟建钢.潮州音乐［M］.济南:泰山出版社，2012.

精雅潮州文化深根校园之畅想

广东省潮州市湘桥区城南小学　蔡烨

随着全球化的发展，文化差异日益突出。在这样的背景下，如何发掘和传承地方特色文化成为人们十分关注的问题。作为中国的文化名城之一，潮州有着悠久的历史和独特的文化遗产。它是广东省的重要文化中心之一，有许多文化遗产和非物质文化遗产，如潮州讲古、潮剧、潮绣等。这些独特的文化元素不仅给潮州人带来了精神上的繁荣，也成为世界文化宝库中一道亮丽的风景。

然而，潮州文化元素在校园的传承和发展中还存在着一些困难。如何将潮州文化元素应用于校园文化建设，弘扬地方文化，让更多的人了解和热爱潮州文化，成为一个值得探讨的问题。因此，本文旨在研究潮州文化在校园文化中的应用与发展，探索潮州文化与校园文化的融合与创新，以及潮州文化在校园文化中的传承与国际推广，探索出一种新型的校园文化建设模式。

本文主要采用文献综述和实地考察的方法，通过查阅相关文献和走访校园，了解潮州文化在校园文化建设中的现状和发展趋势，并提出相应的建议和措施。

一、潮州文化特色及其对校园文化的影响

（一）潮州文化特色概述

潮州位于广东省东南部，是中国的文化名城之一，历史悠久，文化底蕴深厚。潮州文化是岭南文化的重要组成部分，其独特的文化特征深受人们的喜爱和尊重。潮州文化的主要特点包括潮州讲古、潮剧、潮绣等。这些文化元素不仅是潮州人的精神财富，也是中华民族文化宝库中的瑰宝。

（二）潮州讲古在校园文化中的应用和意义

潮州讲古是潮州的一种文化传统，是口口相传的历史文化遗产。潮州讲古以"说书人"为载体，通过讲述历史故事、传说、戏曲等内容，传承和弘扬潮州文化。在校园文化中，讲古可以作为一种文化活动形式，让更多人了解潮州文化的魅力和精髓。

潮州讲古在校园文化中的应用和意义，主要体现在以下三个方面。首先，可以丰富校园文化活动。潮州讲古具有独特的文化魅力和艺术价值，可以作为校园文化活动的一种形式，为师生提供丰富的文化体验。其次，可以继承和发扬潮州文化。通过在校园内举办潮州讲古活动，让更多的人了解潮州文化的特点和魅力，进而促进潮州文化的传承和发展。最后，可以增强师生的文化自信。作为一种传统文化形式，潮州讲古可以帮助师生增强文化自信，进一步加深对中国文化的理解和认知，促进其新雅发展。

（三）潮剧在校园文化中的应用和意义

潮剧是潮汕地区的一种地方戏曲。它具有独特的音乐和表演形式，是潮汕地区的重要文化遗产。在校园文化中，潮剧可以作为一种特色文化元素，为校园文化建设增添光彩。

潮剧在校园文化中的应用和意义，主要体现在以下三个方面。首先，可以丰富校园文化生活。潮剧是一种具有独特形式和较高艺术价值的文化形式。它可以作为校园文化活动的重要组成部分，丰富校园文化生活。其次，可以促进潮州文化的传承和发展。通过在校园内举办潮剧演出，让更多的人了解潮汕文化的特点和魅力，促进潮汕文化的传承和发展。最后，可以促进师生综合素质的提高。潮剧表演不仅要求演员有扎实的表演功底，还要求演员有良好的综合素质，如情感、语言、肢体等方面的表达能力。参加潮剧表演可以提高师生的综合素质，陶冶雅致情操。

（四）潮绣在校园文化中的应用和意义

潮绣是潮汕地区的传统手工艺，是中国的非物质文化遗产之一。潮绣以其精湛的工艺和独特的艺术风格，成为国内外著名的民间艺术之一。在校园文化中，潮绣可以作为一种特色文化元素，为校园文化建设注入新的活力。

潮绣在校园文化中的应用和意义，主要体现在以下四个方面。首先，弘扬潮汕文化。潮绣作为潮州的传统手工艺，蕴含着丰富的文化内涵。通过在校园内举办潮绣展览，让更多的人了解潮州文化的特色和魅力。其次，推广民间手工艺。潮绣是中国优秀的民间手工艺品之一。通过在校园内展示和传承潮绣技艺，可以促进民间手工艺的传承和发展，让更多人了解和喜欢民间手工艺。再次，可以丰富校园文化的内涵。潮绣作为一种极具代表性的艺术形式，可以为校园文化注入新的内涵和活力。在校园内举办潮绣展览、潮绣比赛等活动，不仅可以让学生更好地了解和学习潮绣，还可以提高校园文化的吸引力和影响力。最后，能提高学生的综合素质。参与潮绣的制作和展示，可以提高学生的审美水平和手工艺能力，培养学生的耐心、细心和创造力等素质，促进学生的全面发展。

总之，潮州讲古、潮剧和潮绣作为潮州地区的重要文化遗产，可以为校园文化建设注入新的元素和活力，也可以促进潮州文化的新雅发展，让更多的人了解和喜爱潮州文化。

二、潮州文化与校园文化的融合与创新

随着中国经济和文化的发展，越来越多的本土文化元素开始进入校园文化建设中。作为中华民族文化的重要组成部分，潮州文化在校园文化建设中的应用越来越广泛。下面将从潮州文化在校园文化建设中的融合、潮州文化创新在校园文化建设中的实践、如何将潮州文化元素的创新运用到校园文化建设中三个方面进行探讨。

（一）潮州文化在校园文化建设中的融合

作为一种地方文化形态，潮州文化在校园文化建设中的应用主要是通过整合进行的。在校园文化活动中，可以将潮州文化元素与其他文化元素混合搭配，形成新的校园文化形态，以更好地吸引师生参与。例如，学校可以邀请潮剧团进校园演出，或者在校园里举办潮绣展览。这些活动不仅可以丰富校园文化生活，还可以让更多的师生了解和体验潮州文化的风雅魅力。

（二）潮州文化创新在校园文化建设中的实践

在校园文化建设中，除了整合，还有一些创新实践，可以将潮州文化元素运用到校园文化建设中。学校可以组织学生学习潮州音乐和舞蹈，或者举办潮州文化讲座和研讨会，深入挖掘潮州文化的内涵和特色，从而在校园文化建设中创造更加丰富多彩的文化形式。

（三）如何将潮州文化元素的创新运用到校园文化建设中

为了更好地将潮州文化元素的创新运用到校园文化建设中，需要学校和社会各界共同努力，采取一些有效措施。

首先，学校可以对师生进行潮汕文化教育，让更多的人了解和熟悉潮汕文化的内涵和特点，提高他们对潮汕文化的认知度和接受度，从而更好地将潮汕文化元素融入校园文化。其次，学校可以加强与潮州地区的文化交流与合作，引进更多的潮州文化元素和资源。最后，学校可以探索多种形式的校园文化活动，如艺术比赛、文化节、主题演讲等，将潮州文化元素融入活动，形成更具特色和吸引力的校园文化形式。

总之，潮州文化与校园文化的融合与创新，不仅可以丰富校园文化生活，还可以促进潮州文化的传承与发展。希望今后学校和社会各界能够更加重视和支持潮州文化在校园文化建设中的应用，为中华文化的繁荣和发展做出更大的贡献。

三、潮州文化与校园文化国际化推广

潮州文化是中华民族文化的重要组成部分，具有丰富的历史和文化内涵。如何在校园文化建设中推广潮州文化，并将其传播到国际社会是一个重要的话题。下面将从潮州文化国际化推广的意义、如何在校园文化建设中推广潮州文化以及如何将潮州文化传播到国际社会三个方面进行探讨。

潮州文化作为中华民族文化的重要组成部分，其国际化推广具有重要的意义。一方面，可以提高潮州文化的知名度和影响力，让更多的人了解和认识潮州文化；另一方面，可以促进中外文化的交流和融合，增进不同文化之间的相互理解和尊重。

在校园文化建设中，推广潮州文化可以采取多种方式。首先，学校可以将潮州文化元素融入校园文化活动，如举办潮州文化节、潮州音乐、潮州舞蹈等表演活动。其次，学校可以组织学生参加潮州文化体验活动，如到潮州旅游、学习潮州菜等，让学生近距离感受潮州文化的魅力。最后，学校可以邀请潮州文化专家来学校举办讲座、进行研讨等，深入探讨潮州文化的内涵和特点。

除了在校园内推广潮州文化，还需要将潮州文化传播到国际社会。可以通过多种途径来实现，如在国际文化交流活动中展示潮州文化、邀请国外学者来潮州进行学术研究、在海外设立潮州文化中心等。同时，利用网络和社交媒体也可以有效地推广潮州文化，如开设潮州文化专题网站或社交媒体账号，发布潮州文化相关信息和活动，让更多的人了解和认识潮州文化。

四、结论

首先，潮州文化与校园文化的融合和创新是校园文化建设的重要组成部分，可以促进文化多元化，丰富师生的文化体验和认知，也有利于潮州文化的传承和发展。其次，推广潮州文化在校园文化建设中需要学校和社会各界的共同努力，可以采取多种方式，如开设潮州文化课程、组织潮州文化活动等，以提高师生的文化意识和传承潮州文化。

在研究过程中，我们也发现一些不足，如研究方法单一、数据来源有局限等。同时，在未来的研究中，可以进一步探讨潮州文化与校园文化的深层次融合和创新，也可以将潮州文化的国际化推广与其他地方文化的推广进行比较和分析，融会贯通，以更好地传承和发展中国新雅的地方文化。

参考文献

［1］中国文化大全编纂委员会.中国文化大全［M］.上海：上海辞书出版社，1998.

［2］肖盼.潮州民俗文化的传承与创新［J］.中国文化研究，2020（5）：67-71.

［3］江良慧.潮剧文化在校园文化建设中的应用研究［J］.现代教育论坛，2018（9）：95-96.

［4］肖华.潮汕文化元素在校园文化活动中的运用［J］.雷州职业技术学院学报，2019，36（2）：80-82.

在劳动教育中渗透和传承传统文化

广东省潮州市湘桥区城南小学 陈岳绚

中华民族是一个自强不息的勤劳民族，传统文化是凝结五千年文化的精华，保护传统文化屹立不倒，让中华传统文化的优良性和可持续性贯彻时代始终。中国传统文化中，劳动创造价值，是一项重要的时代缩影，因此在劳动教育中渗透传统文化，有助于传统文化的传承和可持续发展。

一、在劳动教育中渗透和传承传统文化的重要性

小学是学生教育生涯的奠基阶段，无论传统文化教育还是劳动教育，都是影响小学生健康成长的重要因素。而当前落实立德树人是我国实施教育的根本任务。但凡是"德"这一字，一定离不开优秀的传统文化。在劳动教育中渗透中华优秀传统文化，具有可行性和时代教育意义。

小学生的思想发展还尚未成熟，缺乏对具体事件的道德认知判断，因此在参与劳动综合实践活动时，可能会受到其他无关因素的影响，从而使实践活动不能达到原本预期的效果。而文化则对其有吸引、规范和引导作用，因此城南小学重视将传统文化作为引导，开展了红领巾奖章——劳动章系列活动，让劳动教育和传统文化有机联系起来，形成感受、感知、感悟形态，让劳动教育成为激发小学生学习传统文化、树立民族自豪感的重要渠道。

二、在劳动中体会传统文化所蕴含的价值

让小学生通过劳动实践，学习相关的理论知识，在劳动过程中付出体力，并在精神与体力付出的过程中，感受传统文化，也体会到劳动人民的辛苦，学

29

会吃苦耐劳。

古人善于观天象而知农事，故能善理农事。传统节气也是重要的农作物参照指标的重要组成部分。我校在校家社的劳美基地里开展种植活动，学生在家长和老师的指导下种植植物，从破土开荒、犁田培畦、播种育苗，到浇水、除草、施肥，从一颗种子到发芽、生根、开花、结果，感受到植物生长过程中不同的美。学生在种植过程中学到了很多的知识，提升了动手能力，懂得了劳动是一个不怕脏不怕累的过程，更需要大家一起团结协作共同完成，树立正确的劳动价值观，懂得一分耕耘一分收获、以劳树德的正确观念。

三、在小学劳动中渗透传统文化的策略

1. 从传统节日里看劳动教育

中华传统文化博大精深、源远流长，我们在传承中华传统文化的同时，应当仔细思考传统文化与学生生活之间的联系。以传统节日为例，不管是小学生还是其他年龄段的孩子，对于传统节日的了解都比较深刻。因此，借助传统节日引入劳动实践教育是最适合学生接受的办法。以春节为例，这一节日可谓中国人最重要的传统节日。在"请党放心，强国有我"的寒假红领巾奖章活动中，同学们在劳动中体会"辞旧迎新"的真实味道，在办年货、写春联等活动中感受传统文化的魅力，学会欣赏春联的工整、对偶、简洁、精巧的文字，感受辞旧迎新、祝福、团圆平安的美好愿望，学会创造美，也在劳动中获得快乐，感悟劳动的真谛。

2. 从劳动教育中树立正确价值观

优秀的传统文化能够引导学生树立正确的价值观。我们可通过深挖活动中包含的意义对学生进行教育，树立其正确的价值观。例如，在"喜迎二十大　技能促成长　劳动创未来"活动中，我们以"屈原"这一人物展开爱国教育并开展与之有关的劳动教育实践活动。事先让学生了解端午节的习俗，组织一次包粽子活动，在学生包粽子的过程中适当地讲解一下粽子的来源以及它象征的意义。在这个活动中，学生既充分参与了劳动实践活动，通过自己的劳动取得了优秀的成果；还在劳动中了解这些传统的习俗文化，并且通过屈原更深一步感受到了忠于家国、勇于探寻真理的文化精神，实现了综合素养的发展。

3. 在劳动中体会优秀诗词文化

学生顶着烈日弯腰用手中的镰刀一下下费力地割着稻谷，豆大的汗水顺着脸颊滴落在泥土中，也体会到"锄禾日当午，汗滴禾下土，谁知盘中餐，粒粒皆辛苦"的意境。让学生通过了解、收集、创作诗词，如"春种一粒粟，秋收万颗子""绿竹含新粉，红莲落故衣"等，感悟优秀诗词文化的魅力，促使劳动成果和文化成果的双相融合。

4. 在劳动中学会感恩

我们不仅可以在传统文化中渗透劳动教育的内容，也可以在组织学生劳动的过程中渗透中华优秀的传统文化，这两者是相辅相成的。在红领巾奖章研学实践活动中，学生在家中学做家务，每天做家务，学会了劳动技能。学生一起体验劳动带来的乐趣，也体会了劳动所创造的美，更在劳动中体会了长辈的辛劳，学会感恩。

5. 促使劳动教育日常化

劳动教育要想取得最理想的效果，应该扎根于学生的实践和日常生活。学生通过贴近生活化的劳动体验能够获得更真实的劳动感悟，不再是局限于课本和教师口授的理论性知识，与学生建立起真实的联系，这是实现有效劳动教育效果的重要策略。学生借助劳动获得了自信心与成就感，还在思想上树立了积极的劳动意识，真正促进了自己的全面发展。

在贴近日常化的劳动过程中，应当适时地加入中华优秀传统文化作为指导。例如，参加"学雷锋"的公益活动时，教师可以给学生详细讲解一下雷锋同志平时与群众的关系，或者可以将雷锋乐于助人的几个小案例讲给学生听，让学生明白：哪怕是一件极小的劳动，它也能够为他人和社会产生益处，也是值得你花费精力去认真完成的。由此，学生在继续参与劳动时，能够时刻以这样的价值观为引导，从而成为德智体美劳和谐发展的好少年。

劳动教育和中华传统文化之间紧密相连，互相促进，以中华优秀传统文化为指导，让学生在劳动中体验中华文化的博大精深，培育文化自信和劳动意识，进而实现"五育"全面发展，为学生未来的成长与发展奠定良好的基础。

参考文献

［1］刘春晓.中国传统文化在家庭与社会教育中的渗透［J］.教学管理与教育研究，2017，2（11）：107-109.

［2］杨大同.中国传统文化在素质教育中的渗透［J］.西部素质教育，2017，3（10）：56.

雅心种植 劳美共育

——城南小学校家社劳动教育探究

广东省潮州市湘桥区城南小学 陈培纯

劳动是美好生活的源泉。在明媚的阳光里，城南学子用辛勤的汗水浇灌自己的"责任田"，体验劳动的光荣与艰辛，尽情享受劳动带来的挑战与快乐，在希望的心田中播下向雅的种子。

苏霍姆林斯基说过，劳动不仅意味着实际能力和技巧，还意味着智力发展，意味着思维和语言修养。劳动教育是实现立德树人根本任务的重要途径，是将学习与生活、理论与实践结合的最好方式。我们应在学生中弘扬劳动精神，教育、指导学生崇尚劳动、尊重劳动，并懂得劳动最光荣、劳动最崇高的道理，长大后可以进行创造性劳动，传承中华美德，实现德、智、体、美、劳全面发展，让学生向雅而生，成为全面发展的新时代雅少年。学校全面落实党中央"五育并举"教育方针和教育部关于《大中小学劳动教育指导纲要（试行）》的文件精神，充分发挥劳动实践育人的独特优势，让学生体验劳动带来的快乐，促进学生德智体美劳全面发展。经过科学规划、精心组织、积极推进，城南小学用心打造的"三味四时"劳美基地顺利建成，开启校家社研学实践，实现家校联动、亲子互动，校家社同心种植，用向雅求美的劳动，实现劳美共育。

一、尚雅至美，创建完善基地建设

为了更好地开展校家社研学实践，充分利用好劳动基地，学校召开劳动教育专题研讨会，制订详细可行的计划，组织成立了班主任老师为主要成员的劳动实践小组，班主任担任本班劳动实践的指导老师，老师、学生、家长全员参与，分工合作，互帮互学，大家在劳动中实践，在实践中成长。

学校紧锣密鼓投入开启基地的基础搭建，调配保障研学资源。独具特色的青绿瓦大门楼、"三味四时劳美基地"八个红色的大字，远远望去辨识度极高，这里就是家长口中传言的"网红"打卡点。耕地的区域划分统筹安排，兼顾年级、班级所种植的农作物，四、五、六年级每个中队都分地到队，拥有自己的"责任田"，大家更加用心种植研学。劳美基地分别设立"百草园""百味园""百花园"，四年级的学生在"百草园"中辨识家乡的草药，如艾草、鸭舌草、龙胆草、真珠花菜；五年级的学生在"百味园"中认识餐桌上的调味剂，如葱、蒜、芹菜、芫荽、金不换……一年四季，共享农耕之乐。学校充分发挥劳动研学实践育人的独特优势，促进学生德智体美劳全面发展。

基地在不断完善中创建出更适合学生劳动实践的平台。在研学中出现问题，一一想办法解决。从开凿沟渠引水到深挖水泵，解决了浇水难和用水难的问题。从无处安放的农具到投入使用的研学小屋、工具屋……学校急家长之所急、想家长之所想，不断地改进管理模式，规范管理，各级按安排时间组织研学，统一喷药时间……学校不断创新校家社劳动教育的实践研究，因地制宜为学生开辟更完备的劳动研学实践基地。相信随着我校劳动实践基地硬件设施的不断完善及劳动教育理念的日渐深化，崇尚劳动的优良传统将厚植在每一个城南学子的心中。

二、同心协力，构建劳动教育共同体

学校的劳美基地研学，将劳动实践教育与课程建设有机结合，在突出实践教育和地方特色上下功夫，让学生体验农耕，了解农耕文化。在激发学生探索自然的兴趣时，又在拓展知识结构的过程中巧妙渗透德育，把"应时、取宜、守则、和谐"这些思想浸润在活动中，达到润物无声的效果。

1. 多学科创设与劳动有关的课程任务

各科任老师创设任务，打造一个学生能零距离接触大自然、把书本知识与生活体验联系起来、体验种植和收获的成长乐园。

科学任课老师讲授种植小知识，以生动有趣的形式介绍植物生长五要素——阳光、温度、空气、水分、肥料，提醒学生要多浇水、勤施肥、常除草才能让农作物苗壮成长。语文任课老师将劳动实践与习作教学相结合，让劳动实践融入课堂，让学生写出自己的劳动实践体验。通过多学科与劳动的融合，学生养成勤劳肯干、勇于尝试、敢于创新的好习惯。

2. 每位班主任都是学校劳动教育的主力军

班主任老师在日常的教学活动中有目的、有计划地组织学生参加日常研学劳动，让学生动手实践从育苗、移植、修剪干枝枯叶、拔草、施肥等到病虫害的处理，让学生接受锻炼，磨炼遇到困难合作想办法解决的意志，培养学生正确的劳动价值观和良好的劳动品质。

好的开始是成功的一半。为了让学生对自己即将种植的农作物有更全面的了解，各班开展了种植知识的学习，学生认真地听老师的讲解，对即将开始的种植实践活动充满了希望。

"行是知之始，知是行之成。"为什么种植农作物之前要翻地？翻地劳动工具有哪些？怎样正确使用劳动工具？学生带着自己的疑问认真聆听了老师的讲解，观看了老师的示范，并对锄头、钉耙等劳动工具的正确使用进行了初步体验。通过翻地、平整活动，他们加深了对"班级菜园"的感情。

各班级或成立"护绿"小组，或按自愿参加原则轮流看管，各班主任老师还深入基地与学生一起种植、一起管理，组织学生全程参与农作物种植中播种、育苗、日间管理等劳动研学实践活动。

3. 开辟更多的劳动途径，构建劳动教育共同体，厚植劳动教育情怀

工欲善其事，必先利其器。细心的家长提前准备了铁锹、锄头、水桶等劳动工具。有种植经验的家长、老师耐心地讲解种植的方法，并指导学生正确使用劳动工具，学生都学得有模有样。校家社紧密联系，携手共进，才有了日新月异、瓜果飘香的劳美基地。

三、劳有所得，劳美基地硕果累累

实践出真知，通过劳美基地的劳动实践，学生能在与大自然的亲密接触中感悟、学习、成长。学生、家长在班主任老师的组织安排下，走进劳美基地。学生不怕脏、不怕累，个个干劲儿十足，在自己的"责任田"里快乐地耕耘着，开垦荒地、松土、育苗、扦插、移栽、浇水、除草、施肥等，红扑扑的脸上都洋溢着希望与喜悦，在美丽的蓝天白云、碧绿田野的映衬下，成了一道亮丽的风景线。

一天天的照料，一天天的期待，学生终于盼来了农作物的丰收，最终获得了一道道美味佳肴。种植活动，让学生收获到了许多课堂上所体会不到的知识。他们不仅了解了种植的整个过程和农作物生长所需要的环境，还在种植中收获果实、收获知识、收获技能，也亲身体验了劳动带来的快乐，更是深刻懂得了"劳动最光荣""劳动最幸福"这些金句背后所隐含的丰富含义。学生们从识药草、知药性到明药理，从种植到收获，再到亲手制作菜肴、和家人分享美味，在劳动实践中磨炼了意志，养成了爱劳动、会劳动的好习惯。

劳动是世界上一切乐观向上、一切幸福美好的源泉。劳动创造了雅美，大家在劳美基地的研学劳动中体验快乐，在忙碌中收获雅美。今后，学校将继续坚持实施"五育并举"，以劳树德、以劳增智、以劳强体、以劳育美、以劳筑雅，以"三味四时"实践基地为依托，开展更丰富的劳动教育实践活动，增长学生见识，引导学生树立正确的劳动观念，塑造学生勤劳踏实、团结协作、勇于创新的劳动品质，让学生成长为有担当的新时代雅少年。

参考文献

[1] 赖慧玲.新时代的小学劳动教育［J］.基础教育研究，2019（13）：11-13.

[2] 张军瑾.小学劳动教育课程的建设与实施［J］.上海课程教学研究，2019（9）：6-11.

第 二 篇

折取东风第一枝

——雅慧课堂

百年名校，人才辈出。城南小学的文化底蕴深厚；城南小学的校园，书香弥漫；城南小学的教师，乐教善教；城南小学的学生，乐学善思。新时期，为适应教学新形势，促进学校高质量发展，学校认真学习贯彻落实国家《关于进一步减轻义务教育阶段学生作业负担和校外培训负担的意见》《义务教育课程方案和课程标准（2022年版）》等文件精神，依托广东省教师校本研修示范学校、潮州市小学语文教研基地等平台，加大课堂教学教研力度，积极探索"雅慧"新课堂，培养城南"雅慧"新人。

雅，高尚不俗、美好大方也；雅者，古正也。慧，聪明，有才智也。"雅"和"慧"都是人类追求的至上意境。"雅慧课堂"，即"雅正"教师以"雅文化"熏陶浸润育人。师生在经历虚心学习、缜密研究、实际体验后悟得真理、习得方法、获得幸福，成长为"雅慧"新人。

雅慧课堂，是充满乐趣的课堂。基于学生学习的课堂教学，尊重成长和学习规律，把学习的权利和责任交给学生，创设生动活泼的教学环节，在与学生的互动中激发学习的兴趣和潜能，让学生学会自主学习和自我教育。

雅慧课堂，是富于思考的课堂。学习的核心是思维的参与。教师思考新课标、思考学情、思考课堂，让课堂充满生机，绽放智慧，最终目的是引导学生在做中学，在学中思，在思中创，真正培养学生的思考能力。

雅慧课堂，是拥有温度的课堂。有温度的课堂，既是高效课堂，又是温暖有爱的课堂。有温度的教师，教学语言幽默风趣，教学策略灵动有效，教学评价走心启智，不仅教给学生知识，还重视习惯的培养、学习方法的传授，让学生受益终身。

基于以上认识，近年来，城南小学以"基于学生核心素养的学科作业改革探索""小学语文大单元整合'学教评'教学模式探究""探索和雅智慧协同式发展校本研修新路径"等课题为抓手，各学科组勇于创新，积极探索"共学—同教—互评—反思"的校本研修集备模式，促进师生协同式和雅共生，真正落实课堂教学质量；教师学、用新课标，聚焦"双减"，借力现代信息技术，融合"五育"，多元评价，优化作业设计，在与学生的互动中探究多样化、有效性教学策略，勤思善研、深耕细作、反思总结并凝练出一个个教学成果！"向雅而生教育"下的"雅慧课堂"启智润心，助力学生德智体美劳全面发展，并辐射带动磷溪、饶平等帮扶、培育学校，惠及更多学生。

学课标，智减负，雅课堂，慧育人！城南人初心不忘，孜孜不倦追求雅慧课堂，奋力折取东风第一枝，收获满园春色，一路芬芳向前行！

"双减"背景下语文"学—教—评"
校本研修集备新模式初探

广东省潮州市湘桥区城南小学 黄若葵

2021年"双减"政策落地以后，仿佛吹拂着温暖的春风，吹走了多年应试教育的积垢，舒展了每个学生的脸颊，也让教育回归育人的本质。如何落实立德树人的根本任务，发挥好学校育人主阵地的作用，完成"减负"与"增效"这一时代答卷呢？抓实课堂，向课堂教学要质量是关键。要保证和提升课堂质量，提高教师的专业素养和校本研修的集体备课的落实是研究重点。

何为集体备课？集体备课是指构建年级科组集体学习、备课、教学、研修的智慧共同体，具体指教师在课堂讲授之前，由备课组集体研究、讨论讲课内容，取他人之长，补自己之短，集思广益，资源共享，提高教师备课质量，从而提高教学质量的一种集体备课方式。笔者以潮州市湘桥区城南小学语文教研组为例，初探语文"学—教—评"校本研修集备新模式。

构建"学—教—评"一体化的教研机制，是潮州市教师发展中心语文组的研究方向。作为语文中心组的基地学校之一，城南小学紧跟步伐，积极探索从"单篇教学"走向"单元整体教学"，从"散点目标"走向"整体目标"，从"低阶学习"走向"高阶学习"的大单元教学。要实现全员从思想上认识、从行动上落实，这就需要教师从思想上转变、在行动上落实，而集体备课就是最重要的阵地。语文教研组以"共学—同教—互评—反思"团队集备研修为模式，开展"学—教—评"大单元整合集备并落到实处。

一、反复细研读　共学明方向

要给学生一杯水，教师要有一桶水。"学—教—评"大单元整合课程是以教育目标理论为指导，以学生的核心素养为导向，以单元大目标为驱动，结合学生的个性差异，使学习、教学、评价之间彼此相符，保持一致。其核心内涵是"以生为本，以学定教"。

在上课前进行备课，是对教学内容的熟悉和梳理；而集体备课，则是对资源的共享，对教材的再认识，对以前的内容和思路进行修改和拓展，结合实际情况，满足当下课堂的需求。教师只有对教材有了全面研读才能明确目标，更好地把握教材，这就需要在集体备课中反复研读教材，精心研磨教材，合理整合教材。

（一）不同层面备教材

在集体备课活动中，每次备课组活动都要求做到四定：定时间、定地点、定内容、定中心发言人。每一位中心发言人在对自己承担的课进行备课时要从三个不同的层面进行备课。一是统揽全册备课。要从新课标出发，明确本学年段的目标和任务，明晰本册教材的重点教学目标和任务，注意同一知识的衔接和贯通，以及相邻单元内容上的联系和运用。二是综观单元备课。明确本单元要落实的语文要素，提出本单元的教学重难点，根据语文要素及单元教学重难点提出整合方案。三是具体交流所承担的课的教材分析及教学思路。以部编版小学语文六年级上册第四单元为例，通过集体备课的研讨，整理出单元的整体备课思路是：任务驱动，落实要素，迁移学习，以本单元习作——"创编生活故事"作为本单元学习的大任务，规划单元学习任务，把教学内容分解到具体的小任务中，落实到每一课时的教学中。

（二）感悟领会读教材

有了对教材的全面分析、对所承担篇目的具体分析，教师要通过朗读来诠释对教材的理解。通过朗读，教师能更好地把握文本的内涵要点，掌握课文内容，厘清纹理脉络，明晰课文的写作特点，感受语言的节奏，品味文本的韵味，品悟作者的情感，找到授课的心理感悟点。教师在读中悟，在悟中读。

（三）单元整合展教材

中心发言人以教材为起点，最大限度地寻找可以利用的一切课程资源，包括对课文的相关评论、课文的原著、课文作者的其他作品、与课文同题材的相关作品拓展阅读等。解读教材深度与高度，拓展内容的广度，充分发挥集体的智慧，资源共享，形成合力，使师生在教与学的过程中共同成长。

二、课堂展风采　集备落实践

"教而不研则愚，研而不教则虚。"对教材的深读、文本的深研，最终的落脚点在课堂。经过集备形成第一次教案后，同年级组教师根据这个教案，结合各班的实际情况，提出和而不同的建议进行修改，修改后的教案在各个班级进行有效实施，以更好地落实集备研究成果。每学期，学校均会组织一场展示集备成果的研讨活动，如2021年12月，学校组织了"智减负·雅课堂·慧育人"教师课堂教学展示，全校教师在"四个一"的教学研讨中推出优秀课例参与展示，各级备课组对推优课教师的上课内容进行深刻的探讨和研究，为推优教师指点迷津、出谋划策。教师虚心请教，在一次又一次的试讲过程中不断地梳理研讨课例脉络，积极实践，积累经验，不停地修改学案和课件，精益求精，专业素养得到提高。2022年10月，学校组织了"聚焦新课标　赋能新课堂"的课例研讨活动，采取"课例+研讨"的方式。学校语文教研组长陈金洪老师展示集备研讨的课堂成果——部编版小学语文五年级上册第四单元的单元感知课《少年中国说（节选）》+《圆明园的毁灭》。这节课是以提升核心素养为指向、以"学—教—评"大单元整合理念为指导的整合课例。她通过指导学生如何收集资料、解读资料，丰富对课文内容的认识，落实语用点，提高学生发散思维能力；并在分享资料和朗读中，鼓励学生自主表达，提高语言运用和审美创造的能力，倾注爱国情感教育，落实本单元的人文主题。整个教学过程充实、流畅，双线主题突出，为学生创设了"主体参与，和谐发展"的感知氛围。紧接着，备课组长蔡老师带领备课组所有教师解读"语文学习任务群"，借用"给大象盖房子"这个生动形象的寓言故事直观地为大家讲解"何为跨学科学习任务群"，让我们对"跨学科学习任务群"有了更深的思考。每次活动，展示的不仅是教师的风采，更是备课组的精神风貌。

三、集备再研讨　互评找不足

集备的第三个阶段是课后再研讨。课后再研讨是对前面集备的梳理，也是对第二次修改提出意见。这一过程重在评课，评课是对教师所讲授的课进行分析评议，检查教学质量、总结经验的一种方式。教师在自我评价、他人互评中发现不足，了解自己在课堂教学实践中的优点、亮点、特点和缺点，才能更好地找到今后努力发展的基点和方向。通过前面两个环节的实践，特别是课堂的落实，对于集备时"学—教—评"的落实是再研讨的重点。"学—教—评"的"评"是指多元的评价，即表现性评价和形成性评价相结合。它立足于教学目标，贯穿整个教学过程，旨在以评价促进学生的学习，并推动教师反思教学，实现师生共同发展。

评学生是教师对学生进行激励性的评价、引导性的评价。"评"的形式多样化，可以是学生自评、生生互评、师评生、生评师。发挥学生在评价活动中的主体性，更能激发起他们的学习积极性。学生的"学"具有个体差异性，评价也应有不同层次。教师要在对学生的评价中及时捕捉信息，并进一步指导，实现评价驱动教学的作用。比如，部编版小学五年级下册第二单元精读引领课《〈景阳冈〉+〈猴王出世〉》第二课时，在交流分享环节，教师先出示朗读的评价标准"准确、流利、生动"，引导学生进行自读。个别读时，请学生先做点评，教师再适时点评。通过互评，让学生体会到朗读时人物动作要读重音，把当时紧张激烈的场面读出来，这也有助于学生自身提高朗读感悟。当学生读得稍微逊色时，教师可引导学生通过自评发现自身的不足。这节课教师重在营造开放性的学习氛围，引导学生在自评、互评中提高朗读感悟。

评教师即从这节课学生学习的自主性、有效性、学习目标、学习任务是否达成预期效果，学生在教学活动中表现出来的情感态度等对教师这节课的教学成果进行评价，用学生的"学"来评价教师的"教"，从而促进教师教学工作的改进，助力教师的专业成长。例如，部编版小学语文五年级下册第二单元精读引领课《〈景阳冈〉+〈猴王出世〉》第二课时，重点评价教师是否能正确把握本单元的双线主题，正确处理好《景阳冈》和《猴王出世》两篇课文的内在联系，创设学习情境启发学生积极参与，注重学生语文能力的培养。备课组长会引领教师从课前预学单的设置、预学单的实施和课堂评价进行深入研讨，如课堂评价可分为自评、他评、小组评、个人评，评价语言是否精准，评价内容是否具体，评价方式是否恰当等；教师在集备中会畅所欲言，从而整理出恰如其分的评价体系。

四、静心找不足 反思共提高

如果说精心的课前准备可以保证教师上好一堂课，那么及时和有效的反思则可以保证教师教好一生的课。教学反思是指教师对自己教的行为和学生学的行为的思考和辩证。美国心理学家波斯纳提出了教师的成长公式：成长=经验+反思。教师经过了反思，才能正确对待不足，积累经验，提高教学水平，才会对后继教学行为产生影响。教师的反思可从教学前的备课、课堂的生成过程、学生的参与程度和教学效果等方面进行，即分析教学中的不足，记录教学中的困惑，改进自己的教学方法，从而提高自身的专业素养。例如，刚参加工作一年的教师在上完三年级下册《古诗三首》教学后反思道："上这节课时，我留给学生充分的空间，给了他们自主探究的机会，我还帮助学生尝试建构画面，在想象和联想中形成画面、加深印象，并根据画面尝试背诵复述诗歌内容。但由于时间安排不够充分，处理得过于仓促，有些词语学生理解得不是很透彻，有种前松后紧的感觉。"在上完《宇宙另一边》后教师反思道："在今后的课堂教学中，将重点关注发现学生的点滴进步，更有方向地指导、鼓励学生，增强学生学习的自信力。"

集体备课是真正落实课堂教学质量的重要渠道，让集备为课堂助力，以"共学—同教—互评—反思"团队集备研修为模式，多维度构建"一校一案、一科一策、一师一题"的新型校本研修体系，促进教师与学生协同式和雅共生。

参考文献

[1] 石玉.谈集体备课的几点感受 [J].文理导航·教育研究与实践，2018（10）：225.

[2] 曹静.语文集体备课对教学水平的促进作用 [J].现代教育科学（小学教师），2013（4）：114.

[3] 熊星灿.走出集体备课的误区 [J].中国教育学刊，2013（1）：88-90.

雅慧凝聚　方能通幽

——浅谈集体备课的误区和"雅慧"改进策略

广东省潮州市湘桥区城南小学　陈程武

　　集体备课是当前一线教师必须掌握的一种新的教学研究技能。新课标的实施影响和触及学校各学科教学改革的每一步。大单元学习、跨学科教学决定了备课环节的改革就要实现同伴合作、团队协作，全力推进集体备课的广泛开展。在新课标的背景下，由于认识不足，了解不深，组织经验缺乏，在教师集体备课的实践过程中，笔者遇到了许多困难和疑惑。通过一段时间的认真探究和科组研讨之后，笔者针对集体备课的现状进行思考，从中发现在集体备课过程中教师容易走进一些误区。下文结合我校雅慧集体备课活动实际情况，简单分析了其中存在的误区及问题，并提出一些改进的策略和方法。

一、集体备课过程中容易走进的误区

（一）个人观点代替集体智慧

　　由于部分科组存在成员较少、师资结构不合理等问题，大家对于教材和教学的讨论不够充分，在教学研讨过程中无法做到各抒己见。科组成员在此过程中经常以倾听为主，由备课组长一人发表意见，很少有人能提出个人的见解，更不用说主动表达自己的观点。所以，个人观点的表达在这种研讨氛围中直接被抑制了，教师各自的慧心巧思无法表达。雅慧集体备课开展的有效性在某种程度上也被制约了，从而走进了由个人观点代替集体智慧的误区。

（二）学生的教育主体地位被忽视

　　在集体备课的过程中，教师往往以自己的教学习惯和教学方法为出发点，以实现教学目标为目的，并没有站在学生的角度去思考问题，从而忽视了教学过程中学生的教育主体地位。有的教师甚至为了方便实际操作，没有考虑学生的接受能力，忽略学生的个性发展和不同班级学生的个体差异。

（三）教案生成形式化且忽视问题的探究和解决

在集体备课的过程中，教师会借助网络强大的搜索功能收集备课资料，丰富和完善教案的内容。但有时只是为了完成备课任务而机械地复制粘贴、东拼西凑，这种备课方式看不到研究的踪迹，缺乏个人的主观思考，完全忽视了对所出现问题的探究和解决，更不能说是雅慧的结晶。

（四）欠缺思考并影响教学效果

在经过集体备课之后，同科组教师对教学内容和教学形式基本达成了共识。然而，不同班级学生作为教育主体，其学习水平和生活经验各有不同，这就要求教师以现有的教案为基础，针对不同的学情对教案进行增删或修改。但是实际上有些教师比较懒惰，缺乏责任感，并没有细心关注和仔细研究，而是直接使用备课组确定的教案，影响了教学效果。

二、走出集体备课误区的策略和方法

（一）创设氛围、提高质量

为避免个人观点代替集体智慧，出现"一言堂"的现象。学校教研组在教学研讨中要充分发掘教师潜力，对集体备课的内容、形式、重难点等信息做到提前确定和及时公布，让各科组的教师可以提前准备，预先对备课内容进行思考，并以不同形式开展集体备课，让参与集体备课的教师在讨论中想说敢说，各抒己见，凝聚慧心巧思，从而提高研讨的质量。

（二）转变观念、提高认识

教师在集体备课的过程中围绕同一教学内容进行深入思考，然后阐述自己的观点和意见，在研讨中进行交流合作、共享资源。这种方式不仅突破了个人认知局限，而且有效凝聚了集体智慧。在讨论交流的过程中，每位教师都能提升自己的备课能力，不断完善个人的教学策略，从而选择更加恰当的教学方法。教师的教学能力随着对教学理念的理解进一步加深也在不断提高。

围绕如何引导教师改变传统的备课观念这一问题，经过一段时间的探索和实践，我们认为可以从改革备课形式入手，促使教师形成新的备课观念。为此，我校对原有的集体备课制度进行修改，构建雅慧集体备课新理念。通过分年级与分科组的培训学习，教师明确了各学科集体备课的备课时间、组织形式和内容要求，并以此为基础按要求实施雅慧集体备课。教师经过一学期的实践，逐渐认可雅慧集体备课的重要性，并能从实践中认识到按照新课标的要求打造更高效的课堂仅仅依靠某位教师的才智是不够的，只有通过雅慧集体备课活动，才能有效实现这一目标。

在实施新课标的今天，广大教师逐渐认可并接受集体备课这种形式。在雅慧集体备课的活动过程中，各科组教师能从自身学科特点出发，结合实际，相互沟通。这不仅打破了不同教师之间的隔膜，而且营造了轻松的教研氛围。通过研讨交流和探究合作，现有教学资源得到充分的利用和开发，优秀教师的宝贵教学经验和智慧得到广泛的传授和推广，学科教学质量最终也能得到提高。

（三）加强学习、提高水平

在集体备课的过程中，教师不能单纯地研讨教材内容，还要了解学生的特点，阅读学生的心理，从学生的发展规律中了解学生如何学习，更要立足学生的实际需要和发展现状。只有以此为立足点设计出来的教学方案，才能符合学生的学习特点并且容易被接受。这就要求教师在引导学生发展的过程中把握教学内容和教学方法。所以，为了帮助教师解决集体备课中遇到的实际困难和疑惑，我们可以通过组织教师加强学习相关的教育教学理论知识来提高教育教学的理论水平。

随着信息时代的发展，网络上不断涌现出各种新的教育教学成果，如各种教育专家的理论、特级名师的精选教案等。面对这种情况，许多教师都在考虑如何借鉴或采用这些优秀的作品。目前，还有很多教师把集体备课的内容局限在推荐或照搬名家名师的现成教案，从而把集体备课变成了搜索教案、复印教案等的单调活动。

我校教导处和教研室为了帮助教师纠正这种错误认知，围绕集体备课中雅慧的要求和作用，联合各年级备课组长召开全体教师会议。通过会议学习，引导教师理解和明确雅慧集体备课的活动目的。教师在集体备课的过程中要善于在思维冲突中激发灵感，发挥集体智慧，针对某一教学内容进行深入研讨，进一步理解教材的内容，拓宽教学的思路，并且明确授课者只有以集体备课的成果为基础进行归纳、提升和再创造，才能获得真正的雅慧教学设计。这样的教学设计不仅更能适应不同学生的学情，也更好地彰显出教师的教育个性。

在我校课堂教学改革不断深入的过程中，教师逐步达成共识：只有根据学生实际情况进行研讨得来的教案才最适合我校学生，而专家、特级教师等的教案可供参考，不能生搬硬套。

（四）不断反思、总结提升

为了帮助教师不断进步，学校要求授课教师上课前认真准备，多向优秀教师吸取经验；授课后要及时进行总结，并把课堂中受到的启发、触发的灵感、产生的困惑等记录在教学反思中。这些内容就是教师业务能力提高的方向和阶梯，可以使教师也在不断反思中得到进步。

与此同时，我们鼓励不同年级教师之间互相听课、评课，并且开展"同课异构"教研活动。在评课过程中，尽量少做横向比较，多做纵向比较。通过与之前教学的对比，充分发掘授课过程中出现的更恰当的环节以及创新的内容，并给予肯定。

我们还倡导授课过程中要运用不同的教学方法并鼓励授课者灵活运用，逐步改进个性化的教学方式。无论是评课者还是授课者，都要以人人平等的方式进行讨论交流，在评价中互相学习，实现点评一课、互促成长的目的。

（五）完善环节、追求成效

教师首先要明确雅慧集体备课的四个环节——自我准备、讨论定稿、修改实施、反思总结，而且要把四个环节作为一个整体进行跟踪，对每个环节都应该重视，做到有把握、能落实。其次再阐明自己备课的实际需求并表达个人见解。最后进行集体研讨，在集体智慧的推动下开阔思维，找到最有效的方法来解决问题，使教学能力得到进一步提高，最终体现雅慧集体备课的成效性。

雅慧凝聚，方能通幽。在新课标实施的背景下，笔者将与我校广大教师一起积极参加雅慧集体备课活动，深入研究、互相学习、集思广益、博采众长，以打造高效课堂为目标而不懈努力！虽然在今后雅慧集体备课的实践过程中依旧会出现很多问题，但是笔者坚信，只要我们不懈努力、积极探索，雅慧集体备课的活动模式终将会得到完善，学校的教学质量终将会得到提高。

参考文献

［1］胡庆红.集体备课容易产生的问题和改进措施［J］.学周刊·中旬刊，2014（9）：51.

［2］杨敏.小议集体备课［J］.读写算（教育教学研究），2014（36）：39.

［3］王贵君，陈鹏.农村小学如何开展集体备课［J］.少儿科学周刊（教育版），2014（3）：283.

［4］文喆，赵学勤.课程改革监控与评价的专题推进［M］.北京：首都师范大学出版社，2005.

雅慧课堂之小学整本书阅读教学初探

广东省潮州市湘桥区城南小学　余佩珊

2022年9月正式实施的《义务教育语文课程标准（2022年版）》明确提出：要激发学生读书兴趣，要求学生多读书、读好书、读整本书，养成良好的读书习惯，积累整本书阅读的经验。"整本书阅读"是2022年版语文课程标准提出的拓展型学习任务群之一，旨在引导学生在语文实践活动中，根据阅读目的和兴趣选择合适的图书，制订阅读计划，综合运用多种方法阅读整本书；借助多种方式分享阅读心得，交流研讨阅读中的问题，积累整本书阅读经验，养成良好阅读习惯，提高整体认知能力，丰富精神世界。随着课程标准的颁布实施，整本书阅读越来越受重视，相关的教学探索日趋丰富。那么，在"雅课堂"教学实践中，如何开展整本书阅读教学，让学生"慧"阅读？以下是笔者的一些探索和实践。

一、立足学生，激发阅读"雅兴"

学生是整本书阅读的主人，他们有了"雅兴"，才会有阅读行动。作为教师，我们要立足学生，帮他们找到阅读起点，让他们愿意捧起书快乐阅读。

1. 营造氛围

好的阅读环境和氛围会让学生如入芝兰之室，慢慢地自然就会感知到阅读的乐趣，认识到读书的重要性，从而喜好读书。好的阅读环境和氛围，要靠家长、教师和学校用心来营造。我校一向重视对学生的阅读引领：每学期举行经典阅读展示活动；举行阅读分享沙龙、发起每个家庭每天亲子阅读一小时等活动，收到良好的效果。经常带领学生到学校图书阅览室阅读，积极拓宽学生阅读空间，如2023年2月揭牌的"学而轩"六雅自主阅读空间，营造浓浓的读书

"雅"氛围。

2. 富有仪式感

现在的家长比较重视孩子的教育，懂得阅读的重要性，带领孩子到图书馆，去书店，在网上给孩子买书是常事，买书看书成为习惯。拿到新书，笔者会建议孩子在书的扉页上签名："我是这本书的好朋友×××。"每到新学期开学，可为每个学生准备一本《我的"阅读存折"》，当学生读完一本书时，就可以实现一个小小的愿望。班级里准备一面班级读书"排行榜"，学生读过的书写在标签贴上，贴在对应姓名后面的表格中，每月评出班级"读书之星"。充满仪式感的一个个小方法赋予书本、阅读更大的意义。

3. 恰当推荐

教师要做少年儿童书籍的有心人。一切可以推荐给学生的书籍，教师自己应先阅读，再以学生兴趣为中心，有所选择地向本班学生推荐，确保学生读书兴趣越来越浓。

《打造儿童阅读环境》里有这样一句话："像聊家常一样激发孩子表达欲望。孩子有时候比大人更能说。"也许让学生喜欢阅读不是件复杂的事，营造良好氛围，激发兴趣，恰当推荐，一切水到渠成！笔者相信，向雅而生的阅读生活，一定是美好的、幸福的。

二、读懂作品，教给阅读"雅法"

策略是经过系统分析而得出来的指导性方向。阅读策略是指读者有意识、有目标地控制和调整的一连串心理步骤或方法，用来帮助自己解码、理解文本和词汇、对文本构建意义。整本书教学是为了让学生学会读整本书。"雅慧"课堂，教师不仅要教学生读会整本书，还要让学生"慧"读整本书。

1. 用好课内教材

统编版语文教材在各年级上册中安排了阅读策略单元，系统培养学生预测、提问、提高阅读的速度、有目的地阅读等能力。作为教师，我们必须充分利用教材，通过系列单篇教学教给学生阅读策略，以此引导学生在整本书阅读中实践、运用、体验，并培养阅读素养。

2. 把准学习目标

学习目标引导学习、教学和评估，是课堂教学的灵魂。教师要基于课程标准，基于精准的学情确定学习目标，把追求目标的达成作为学教评一致性教学设计的基本理念。各学段整本书阅读的要求如下：

学段	第一学段	第二学段	第三学段
学段要求	尝试阅读整本书，用自己喜欢的方式向他人介绍读过的书。养成爱护图书的习惯	阅读整本书，初步理解主要内容，主动和同学分享自己的阅读感受	阅读整本书，把握文本的主要内容，积极向同学推荐并说明理由

作为教师，要有强烈的课标意识，把课程标准放在第一位，围绕培养"雅慧"学生这个大目标，根据相应的年段要求去设定学习目标，把"学生学什么，学到什么程度"这两个问题想清楚了，教学设计也就成功了一半。

例如，笔者执教统编教材语文四年级上册第四单元《中国古代神话传说》导读课时，仔细钻研《义务教育语文课程标准（2022年版）》，摘录其中针对本课的相关要求，并进行分解，最后综合学情分析，设计本节导读课学习目标如下。

第一，通过自主阅读，发现神话故事的语言特点，感受神奇想象的魅力。

第二，借助情节图，同桌交流厘清故事脉络，了解故事内容；品读关键句子，感受人物个性。

第三，欣赏阅读计划，把握方法，推进全书阅读。

3. 教给阅读策略

在《打造儿童阅读环境》一书中，艾登·钱伯斯明确提出，阅读在训练儿童对美的感受力、丰富的想象力、对周围世界的认识能力方面起到了无可替代的作用。借助"雅慧"阅读，学生经历预测、想象、推断、表达等思维训练，从中获得阅读的乐趣和力量。

整本书阅读"雅慧"教学，可以从带领学生记录阅读疑问做起。这些疑问虽微小，但代表着学生一个个实实在在的思考，也许它们会是某一个奇思妙想的起点或某一个与世界连接的触点。

整本书阅读"雅慧"教学，可以从封面、目录、细节三个方面入手。例如，笔者在教《中国古代神话传说》导读课中，从封面入手，引导学生思考：把哪吒作为封面人物合适吗？除他之外，你读过的哪个神话人物也能够作为封面人物？从目录入手，引导学生发现故事的命名规律，并有目的地选择阅读；从细节入手，引导学生品读关键词句，形成自己的阅读见解，使学生在阅读策略实践中获得发展。

整本书阅读"雅慧"教学，可以从边读边记、有读有悟、能读能写训练学生，使学生养成读书留痕、读书思考的习惯，做一个真正会读书学习的人。

策略多样，方法适切，受益的是学生。

三、开展活动，收获阅读"慧果"

要想让学生真正地深入文本，教师要创设情境，开展多种形式的阅读"雅"活动，以自主选择引导孩子抒发阅读体验，以多元展示反馈增加阅读趣味，收获阅读"慧"成果。

1. 自主选择，畅享阅读感受

不同学生的阅读习惯不一样，教师要设计多种阅读任务提供学生自主选择，鼓励学生采用多种方式进行学习，以任务驱动深化阅读要求，尽情畅享阅读感受。

比如，共读《西游记》后，可以设计不同学习任务增加学生阅读兴趣，提高阅读效果。

师徒四人经过九九八十一难取得真经归来。请同学们来评一评这师徒四人，任选一个人物，说说在你眼中，他是一个怎样的人。

在整个西游取经过程，师徒四人遇见问题的时候都有自己的口头禅，你们发现了吗？

面对妖魔鬼怪，唐僧采取的是方法是（劝善），孙悟空采取的方法是（惩恶），你支持哪种方式，说说你的理由。

如果让你组建一支取经的队伍，你会选择哪些人员呢？

当学生拥有自主选择权时，你会发现他们变得乐于表达、善于表达，并以此为乐。

2. 多元展示，喜获阅读成效

凡是阅读必做读书笔记，必须仿写练笔，这成了学生读书的负担。我们不妨给阅读增加那么一点趣味，提供更多元化的展示机会，像猜一猜、画一画、想一想、演一演……这些都是孩子愿意花时间去完成的。他们通过与文本的不断对话体验，收获阅读成长的累累硕果。

知识竞赛。全班共读《西游记》，阅读单可以这样设计：我们班将举行一场《西游记》知识竞赛，请你设计一份问答题加入题库，我们将择优采用！

好书推荐卡。共读一本书，人人为好书写推荐语，张贴在书的首页。

思维导图。《三国演义》阅读推进课可以这样设计：三国鼎立，当时有许多著名战役，请你根据时间顺序梳理出经典战役"时间轴"，使三国故事的脉络一目了然。

阅读纸。在一张A4纸上面画四个格子，写下书中四个最有趣的情节；围绕阅读内容、阅读时间、阅读收获、阅读自我评价等制订阅读计划，以确保阅读进度和阅读质量。

人物名片。在学生进行阅读的过程中，可引导学生关注书中主人公的外貌、特征、性格、有关故事等，通过编制人物名片，帮助学生全方位、多角度、深层次地理解人物。

表演活动。例如，学生学习完"走进经典名著"组文，我们学校五年级就举办"四大名著"课本剧表演活动。各班学生细品内容，揣摩人物内心，创造性演绎每个角色。瞧，火眼金睛的孙悟空，慈悲为怀的唐僧，女王风范的白骨精，舌战群儒的诸葛亮，宁教我负天下人的曹操，柔弱敏感、细心谨慎的林黛玉，武艺高强的武松……每个人物都被同学们惟妙惟肖地表演出来。这样的课本剧表演，可以加深学生对文本的理解，激发学生阅读名著的兴趣，增强学生自信心，提升学生综合素养。

雅慧阅读的力量无穷大！雅慧课堂之整本书阅读教学，教学生如何阅读，给他们的人生路打好底色；作为教师，我们要借助书籍完善自我，找到更好的自己，成就学生，做他们阅读路上的引路人！

参考文献

［1］中华人民共和国教育部.义务教育语文课程标准（2022年版）［M］.北京：北京师范大学出版社，2022.

［2］艾登·钱伯斯.打造儿童阅读环境［M］.北京：北京联合出版公司，2016.

［3］李怀源.小学整本书教学实施方略［M］.上海：华东师范大学出版社，2019.

［4］张爱军.备课专业化：学教评一致性教学设计的理念与操作［M］.长春：东北师范大学出版社，2020.

探索雅慧高效课堂　培养学生自学能力

——谈单元预习课教学策略

广东省潮州市湘桥区城南小学　陈金洪

　　雅慧课堂是基于学生自主学习的课堂，是学生智慧生长的课堂。自从语文新课标颁布以来，"整合教学"成为语文课改的重要内容。作为湘桥区"语文主题学习"名师工作室成员，近年来，笔者在践行雅慧课堂时运用了"语文主题学习"的整合理念，有效地提高了学生自主学习的能力。

　　何为"大单元整合教学"？即在有限的课堂教学时间里，充分利用教材提供的学习资源，拓宽学生的学习领域，使他们在不增加课业负担的前提下得到更好的学习效果，达到全面提高语文素养的目的，同时为终身学习打下基础。其基本的课型有单元预习课、精读引领课、组文阅读课。本学期，笔者在五年级"语文主题学习"中探索单元预习课教学，取得一定成效，下面谈谈对单元预习课的认识及实践。

一、课型定位及特点

　　单元预习课是在深入学习教材某个单元课文前，先扫除阅读障碍，再厘清文脉，整体感知，为促进整组课文的阅读做好铺垫。一般从三年级开始设置单元预习课，教学中可以以本单元中的两篇或两篇以上课文作为一个组合。学习活动的设计，侧重准音通文、识字解词、理脉概括、整体感知、批注留疑等，是引导学生学会自主学习的一种课型。其课型特点是铺垫、省时、减负、练能。

　　原来常规单篇教学，每篇1课时；一单元4篇，要达成"扫除阅读障碍、整体感知内容"这些目标就要花4课时。现在在"单元整合教学"背景下，一单元4篇课文（两篇一组合），只要花2课时，就能达成"扫除阅读障碍、整体感知内容"的目标。因为单元预习课不是以单篇为单位，而是将两篇或以上组合，实施增量阅读，达成"扫除阅读障碍、整体感知内容"的教学目标。在达成这些目标的基础上，后续的"精读引领课"就更加能聚焦语用，深度阅读，加强理解，感悟表达。

单元预习课主要承载着培养学生自主学习能力的任务。语文学习能力包括识字写字与朗读、积累与运用语言、查找筛选学习资料、概括表达能力。通过本课时的学习，对教师而言，可以对学生自主学习情况进行全面了解，以达到以学定教、先学后教的目的；对学生而言，可以掌握语文学习的基本方法，如读通课文、把握课文主要内容、理解生词意思、对文章质疑等。

二、学习内容及操作策略

单元预习课是每单元学习的起始课，其主要任务为：一是进行单元整组导读，初步感知本单元学习内容，明确单元主题，了解单元学习目标，激发深度阅读期待；二是正确朗读整组课文；三是写好本单元1/2的生字。

1. 学习单元导语，明确内容及要求

单元导语包括人文主题、语用主题（语文要素）和习作要求三个部分。教师要善于引导学生关注单元导语，通过"读一读""画一画""说一说"的方法，明确本单元要"学什么（文章的主题）""怎么学（语言训练）""写什么（能力训练）"，以目标导向驱动学习，让学生对语言训练点做到心中有数，使能力训练更有效。

2. 字词学习关，扫清阅读障碍

高年级字词教学重在理解和运用。学生已具备一定的识字和写字的能力，因此，通过预习学习单让学生课前自学生字新词，课上交流难读的、难写的字，交流词语的意思，达到互助、学习、共享的效果，大大扩充了课堂学习的容量。

值得一提的是：自学字词，用法解词是高年级学生必须具备的学习能力。字词理解的方法有多种：抓关键字、词语拆分、联系语境、联系生活、换近义词、查找工具。教师要重视学法指导，及时归纳学法，提高学生理解与运用字

词的能力。

3. 课文朗读关，整体感知内容

常言道："书读百遍，其义自见。"学生通过多种形式的朗读，既能了解课文内容又能初步体会课文的思想感情。朗读还能培养语感，激发思维。一节课上，整合的是两篇以上的课文，如何落实朗读呢？功夫在课外，精彩在课堂！教师通过预习学习单和"一米阅读"平台，课前让学生读通课文，在"一米阅读"平台上进行朗读测评，课堂上，教师有意识地检测重点段落的朗读。重点的语段可以是文中体现人文性的内容，也可以是工具性的内容，特别是文章的"语用点"，为精读课上理解内容，感悟写法做好铺垫。

4. 内容概括关，批注留疑，期待阅读

高年级重在自学能力的培养，教会学生预习方法。概括课文的主要内容，教师要教给学生提取信息的方法。常用的方法有：①信息填空——如文章通过写（　　　），告诉我们（　　　）。②列小标题——把文章的每个部分用小标题列出来。③摘录句子——把文章中体现主要信息的句子摘录下来，概括出文章的主要内容。④题目扩展——把文章的题目扩成句子，或把题目的意思加以扩展等。

对于文中与学生生活比较久远的内容或者是专业性较强的文段，要鼓励学生借助资料进行学习，从多角度收集资料，可以是文字的、图片的、视频的资料，以丰富学习内容，加深对课文内容的理解。

批注留疑，是单元预习课重要的学习策略。教师要有意识地引导学生养成阅读批注的习惯，做到"不动笔墨不读书"，还要大胆质疑，从写作背景、课文内容、表达方法、思想感情等方面提出疑问，以明确下节精读课的学习目标。

三、教学实例分析

以部编版五年级上册第四单元为例，谈一谈笔者的教学设计。这个单元以"爱国情怀"为人文主题，编排了一组与爱国有关的文章。语用主题是："结合资料，体会课文表达的思想感情。"笔者大胆取舍教学内容，进行重组，实现整合教学，效果很好。本节单元预习课的亮点如下。

1. 聚焦目标

本节课围绕单元"双线"主题设计教学环节，整合《少年中国说》《圆明

园的毁灭》这两篇课文进行学习。一篇是文言文，字词难读、难写；另一篇是现代文，但课文描述的内容有历史感。两篇文章对于学生而言，学习有难度。所以，本节课重点指导学生如何收集资料、如何解读资料，丰富对课文内容的认识，落实语用主题："结合资料，体会课文表达的思想感情。"在分享资料和朗读的过程中，通过教师的引导与学生的表达，倾注爱国情感教育，落实本单元人文主题"爱国情怀"。

2. 把握梯度

课堂上围绕预习学习单展开学习、交流与分享：从字词学习到感知课文内容；从收集资料、解读资料、借助资料到概括主要内容，并提炼成小标题，环环相扣，梯度推进，突破教学难点。最后，批注留疑，明确目标。

3. 简化环节

"学法—用法—归纳"是贯穿本节课的教学主线，无论是字词的学习，还是资料的收集，每学完一个板块，都重视"归纳学法"，帮助学生梳理学习要点，再通过"当堂检测"，学以致用，巩固运用。整节课，没有承载太多内容，力求教学环节简单，教学效果高效。

4. 主动参与

学生课前填写预习单，自学字词；收集资料，丰富认识；练习朗读，整体感知。课堂上，学生带着预习单参与课堂活动，培养自主学习能力；在分享中，互学互评，实现共同进步。

语文课程标准指出："语文课程应激发和培育学生热爱祖国的思想感情，引导学生丰富语言的积累，培养语感，发展思维，初步掌握学习语文的基本方法，养成良好的学习习惯，使他们具有适应实际需要的识字写字能力、阅读能力、写作能力、口语交际能力，正确地理解和运用祖国语文。"笔者在教学实践中深感：凡事预则立，不预则废。单元预习课容量大，能有效培养学生自主学习的意识和习惯，为落实语文课程标准中提出的培养目标。今后，笔者将进一步优化教学方法，在评价机制上进行创新，让单元预习课成为学生学习的加油站，激发学生自觉主动地去完成预习任务，增强预习的实效性。

参考文献

［1］潘继云."语文主题学习"思行录［M］.北京：北京现代教育出版社，2017.

［2］毕英春.双主题整合教学的智慧［M］.北京：北京现代教育出版社，2015.

情到深处自芬芳

广东省潮州市湘桥区城南小学　杜淋

作文教学是语文课的一半，但习作教学现状堪忧，习作教学的效率大打折扣。有的学生花大量时间阅读经典课文，动笔写作时却绞尽脑汁，搜肠刮肚也写不出来。作文成了困扰师生的难题。内容空洞，选材千篇一律，是当前学生习作中普遍存在的问题。另外，学生的习作缺乏想象力、习作中多谎话和空洞的故事、缺乏真情实感等问题，也让教师在教课时感到更加困难。究其原因，是陈旧的习作教学模式束缚了学生的思维；由于生活经历单调乏味，学生非常缺乏习作素材；忽视基本写作技法，导致习作结构毫无章法；等等。因此，引导学生关注生活，热爱生活，学会表达自己的真情实感，努力求真务实，要有纯真、有趣的语言，要有真实的内容，是当前习作教学需要突破的瓶颈。

新课标要求"扩大阅读面""增加阅读量""有效丰富的积累"，为学生热爱写作提供良好的条件和充足的空间。而如何读写结合？义务教育语文课程按照内容整合程度不断提升，设置"语言文字积累与梳理""实用性阅读与交流""文学阅读与创意表达""思辨性阅读与表达""整本书阅读""跨学科学习"学习任务群。根据不同学段特点，学习任务群安排可有所侧重。这就将阅读与写作、口语与写作结合，相互促进。学生从阅读中积累习作的素材，为习作教学指明了方向与出路，引导了学生在语文实践活动中实现知识、技能和思想情感、文化修养等多方面、多层次目标。笔者在上课时巧妙地借用课文中的亮点，充分利用资源，把课文解读核心理解拓展为写作资源。基于对课文主题的透彻理解，旨在将写作指导渗透到阅读教学中，为学生创设写作情境，让学生练习写作方法和技巧，激活学生的思维能力。通过探索与实践，笔者在"阅读与写作相结合"的理念指导下，在理解"真情"这一主题背景下探索写作之路。

一、充满激情，飞舞智慧，使情感再现

一个缺乏激情的教师，带不出情感丰富的学生。情绪不饱满的教学，学生无法体会到真谛，写的文章只会是枯燥乏味的。因此，在习作教学中，笔者十分注重用激情去感染学生，使其不知不觉进入教学情境，善于发现妙处并自觉消化，最后反馈于习作。在布置看图作文《一场精彩的足球比赛》时，笔者带领学生到学校操场去举行足球比赛，大汗淋漓后有学生发现："操场，草地，球门见证了我们为梦想洒下的串串汗水。"这一个发现让学生明白，我们应该关注的不只是比赛，还有梦想。激情点燃了学生心灵的火焰，冲击学生的感官，使其流露最真实的自我。这是一个独特而充满爱的发现。带着这种发现，我们设定习作的主题为"梦想"，反复、大声地诵读课文中优美的词语、生动形象的修辞和多变的句式。一旦学生进入诗意的语文情境，感受到语言的无穷魅力，小试牛刀的时机就出现了。学生开始写作时，对文本主题的理解，为解决写作中的一些问题和解决如何写作提供了语言范式。情感得到回馈，文字也变得生动了。

二、有效设计，触动心弦，让情感相随

小学生的生活圈子小，生活体验少，写作时在对事物观察角度的选择、语言组织的表达、构思的方法上都有待引导。首先，我们通过学习任务群这一方式拓宽了学生的视野，让学生积累优美的词、句、段，丰富自己的写作素材。这样，学生经过一系列的练习后，就会摆脱写作时无词可用、无话可说的处境，对词汇的积累和运用产生浓厚的兴趣，从而丰富习作素材。拓展写作视野，可以避免学生陷入"无米之炊"的痛苦中。其次，教师要按照不同的习作要求和类别进行有效的教学设计。教学时，不要压制学生的思想，不要轻易否定学生的意见，应让其畅所欲言，并从学生零碎的语言储备中引导和挖掘，帮助其组织成篇，把一种比较概念化的东西尽量用生活的真实来具象化，让学生体验并学会表达自己的真实感受。《习作例文》课堂上，教师从鲸鱼的特点和说明方法上把握内容，阐明说明文的目的和特点，引导学生理解课文。从《风向袋的制作》，让学生了解说明方法的多样性，引导学生能根据不同事物的特点选择恰当的说明方式。接着，笔者设计了一次介绍物品的习作——学生模拟

"拍卖会"，让学生把自己想要介绍的物品推销出去。边让"推销员"介绍边让其他学生思考：假如你是顾客，你会不会购买？同时，引导学生讨论成功的推销应该从哪些方面入手。学生把自己所看、所听、所感记录下来，写出来的文章思路清晰，言之有物。写作变得轻松，作文课也充满欢声笑语。教师还应该给学生尽可能多的机会，让他们享受丰富多彩的生活。像"六一"国际儿童节文艺会演、学雷锋活动、讲故事比赛、社会实践活动、辩论赛等，同学们通过亲身经历，增长了知识，培养了审美情趣。寓教于游，趣味育人，使学生情感迸发，写作也就不难了。

三、注重观察，方法指导，使学生有情可附

学生主要通过观察认识和了解世界，教师要注重培养学生的观察能力，引导学生留心生活，善于观察，发现生活之美。在教学中，教师应教给学生观察的方法，指导学生遵循一定的观察顺序，抓住事物的关键点，深入地观察，做好观察记录，全面了解事物。阅读经典作品，探索写作的奥秘，只有"取法乎上"，才能写出好的、个性化、有意义的文章。教师以一组景物描写文章的单元学习为基础，对学生进行景物描写的习作训练。首先，学生回顾本单元学习过的文章，自由选择喜欢的片段分享，教师在这一环节给了学生充分的阅读与分享自由，不打扰不评价不介入，只在非常美的课文片段，来了一次全班齐读。随后用一组图片，把学生的目光从文字虚拟拉向生活现实。从文字到景象，目的是把景象再转化为文字。如何转化？课文中有很多写作例文，如《丁香结》中对丁香花的描写，《社戏》中对江南水乡夜景的描写，《祖父的园子》中对园中景物的描写，等等。教师此处结合前面的单元学习，总结归纳了一整套景物描写习作方法并分享了自己的一篇写景范文，又让几名同学分享了自己的作文构思，便让大家开始写作。学生反复进行景物仿写。仿写会促使学生在阅读中积累好词佳句和精妙修辞手法，并运用在写作中。这样一来，学生遣词造句的能力提高了，语言的感染力增强了。这对提升学生构思立意、谋篇布局等方面的能力举足轻重。

四、笔随心走，抒写独特感受

写作的意义在于表达和抒发作者的独特感受。教师通过建构与整合课文资

源，引导学生深入解读课文，不能只停留在"写了什么"的表面，更要上升到"为什么这么写"的高度。学生通过阅读、思考，丰富了想象力，发散思维、质疑探索能力和逻辑思维都得到了充分的锻炼。只有充分发挥学生的主体性，学生才会真正体会到写作的乐趣。对此，笔者抓住时机，创设各种生动的情境，激发学生挖掘和表达内心世界的强烈欲望。一次，我在课前宣布：今天我们来玩"七彩萝卜蹲"的游戏。学生的眼睛里立刻有了光彩，一些胆大的学生甚至欢呼雀跃起来。我们这次分团体赛和个人争霸赛，均以积分决定胜负。规则宣布之后，"七彩萝卜蹲"的游戏拉开了序幕。整堂课都在快乐的游戏中进行着，游戏中我引导学生观察，偶尔停下来与学生分析、探讨。之后，我让参加游戏的同学讲感受，让他们描述课堂热闹的场面。这样，《精彩的活动》的习作在愉快的游戏中完成了。又如，学习《盼》一文时，讲到小作者"挺着脖子""小心翼翼""瞟"等动作和"我今天特别特别不累"的语言，凸显小作者有了新雨衣后，渴盼着下雨的心理。反复咀嚼、潜心涵泳，学生就能感受到课文运用语言、动作、心理等多种描写方法来刻画人物，可谓"入木三分"。借助这些文本资源，学生对如何塑造鲜明的人物有了更理性、更深入的理解。过去，大多数学生以"母爱"为题作文时，都写"妈妈背着生病的我去医院，晚上悉心照顾我，等我醒来时，妈妈却生病了"……一次，雷电交加，有学生家长冒雨给孩子送伞来了，场面非常感人。我借机以"妈妈的爱"为题，让学生即兴表达此时的心情。学生的作文非常感人，有学生写道："站在门外的一名中年妇女被雨水淋湿了，雨滴顺着她纤细的头发滑落到脚后跟，她的脸被冻得苍白，身体不时颤抖，可能被那么多学生看着不好意思，她说：'老师，我是小东的妈妈，我来给她送雨衣！'听到这话，我的心不禁一怔，我问自己：这是妈妈吗？我有没有听错？直到老师把目光转向我，我才相信，站在教室外的人的确就是我的妈妈，我坐不住了，双腿不自觉地朝着教室门口走去，此刻，我的眼睛湿润了，眼泪在眼眶打转。"很多学生都经历过这样的场景，但是否真正用心体会到了呢？小作者用心观察，从母亲湿漉漉的头发、打冷战的身体感受到了母爱。通过类似练习，学生可以更全面地掌握描写人物的方法，塑造的人物有血有肉，写的文章立体丰厚。引导学生用心观察和感受生活，体验和反思生命，文字浸润着深情，学生"情到深处文自成"。

五、合理想象，拓展心田，使情感齐飞

想象让学生舒展心灵、放飞思维，是写作的不竭源泉。文章的留白处给学生留下了广阔的想象空间，是激发写作兴趣的切入点。教师要在对文章主题的理解基础上，借用课文的留白处，有意识地创设话题和情境，激活学生体验，在学生、课文和作者之间架起一座桥梁，引导学生多元解读文本，主动对话文本。这样，课堂充满活力与精彩，学生的写作动机也被激发了。在作文课上，教师要经常创设能够激发学生想象的情境，激发他们的想象力，培养他们的创造力。这不仅符合新课程注重语文实践性的内涵，也符合学生的认知规律。在教学六年级习作看图作文时，笔者引导学生从寒风中的那对母女，想象自己想对那群虚伪的假文盲说什么。有同学就说："精神上的愚昧无情比没有文化更可怕。"如此，使学生从对母女的同情，引申到对假文盲的批判。在写《二十年后回故乡》时，同学们小组协作探讨二十年后本身可能会从事的职业、故土的变化……在交流中学生彼此启发，互相补充。在情境中，同学们有机会自主学习和充分展示，想象充盈了学生心灵，情感在笔尖流动。这不就是从多方面多角度训练学生的思维能力吗？

综上所述，"理解主题"的阅读形式，在教学中激发了学生写作兴趣，让学生积累了好词佳句，锻炼了思维，探索和掌握了写作知识与技巧。在教学中，要充分发挥教师的主导作用，帮助学生对习作进行观察、思考、联想、想象，引导学生将所学的写作技巧迁移运用到写作实践中，努力激发内心情感，挖掘原始积累，有效地提高写作能力。这样的写作活动，为学生搭建了心与心的情感桥梁。用真情以对，"失真"的习作将会永远离我们远去。

参考文献

[1]中华人民共和国教育部.义务教育语文课程标准（2022年版）[M].北京：北京师范大学出版社，2022.

[2]范宇倩.如何培养小学生写作的观察能力[J].教育界：教师培训，2013（6）：68.

[3]许春迎.小学生习作教学之我见[J].课程教育研究：外语学法教法研究，2014（4）：103.

雅设计　慧练习　提素养

——基于语文核心素养双减小学低年级语文作业设计探究

广东省潮州市湘桥区城南小学　刘晓玲

国家大力提倡"双减"政策，减轻学生的作业负担、课外辅导负担，全面提高学生的综合素质。语文学科核心素养由"语言建构与运用""思维发展与提升""审美鉴赏与创造""文化传承与理解"四个要素组成。部编版语文教科书，以"语文学科核心素养"为理念编写。"双减"背景下的小学低年级语文作业设计也遵循这一理念，立足语文学科特点，让学生从繁重的作业中解脱出来，服务学生全面发展。

魏智渊老师设计"大语文"的课程构想，为作业设计做了二八比例的划分，为减负提质，从根本上减轻学习负担，在作业练习中，夯实两成的"知识技能"，攻克八成的"核心素养"，促进学生语文素养的达成。笔者学课标，智减负，结合教学实践，实行课前五分钟堂堂练、课中十分钟随文练、课后巩固练，雅设计、慧练习、提素养，以此抛砖引玉，和同行交流。

学段	大语文系统（80%）			教材系统（20%）		
	阅读	写作	核心能力	阅读	写作	核心能力
低段	绘本/童书长文挑战	自由写绘	生活主题自然识字	识字、写字朗读	写话	识字写字认读能力
中段	海量阅读	自由写作	交往主题自动化阅读	段落理解	段落训练	段落读写泛读能力
高段	名著阅读广谱阅读	自由写作、实用文写作	生命主题自动化写作	篇章理解	篇章训练	篇章读写精读能力
	浪漫、数量、兴趣、自由			精确、品质、训练、纪律		

一、活动化夯实知识技能——课前课中慧练习重质

听、说、读、写等课内基础知识作业，是落实语文要素的常规要求，不是负担，是必要的承担，师生要高质量完成。低年级的识字，多用趣味的"加一加""减一减""换一换""演一演"，以及在生活中找字等活动化的方法开展教学，符合孩子的年龄特征，可增加学生识字量。写字的训练，投影示范、观察练习、交流评价，养成坐姿规范、正确执笔写字的习惯。每日练三十字，持续练字，创造展示的平台，择优贴在班级学习栏展示，变成班级文化的一部分。

课前五分钟堂堂练，如限时听写、视写，检查学生生字掌握情况。听写、视写质量又好又快的前十五名同学可以为学习小组加分。全对五次以上的同学，聘为"班级语文听写视写小老师"，解锁批改听写活页纸的权限。现在班里有不少学生是听写小老师，学生很珍惜课余时间批改练习的机会，在活页纸上用红笔批改打钩，错的用红笔写出正确答案，并签上自己的座号，表示是哪位小老师批改的。被授权用红笔批改作业，对低年级学生而言，是仪式感满满的认可，教别的同学，是种水平更高的学习，有利于掌握知识。

读的教学，在节奏感强的歌谣的基础上，加些简单的律动拍手动作，朗朗上口，趣味十足。课文的诵读，在字正腔圆的基础上、轻重缓急的语音语调中，读出感情，小组成员合作朗读。认读能力在语段的背诵中落实。

课中十分钟随文练，图文并茂的连一连、排序、仿写等形式是常用形式，可较好反馈课内知识的掌握情况。换词法仿写，常让学生诗兴大发。有学生说，"二月春风似剪刀"，不只是春风似剪刀，"三月春雨似剪刀"。另一个学生的思维也被点燃了，说"三月春雨似剃刀"窗外那棵树直接被春雨这新手理发师给剃光头了。大家都被逗乐了。有学生说，三月的雨是方丈手里的刀，那树被削发为尼了。

《找春天》的课后仿写题，学生在课中十分钟随文练中完成，小组合作仿写成诗。笔者整理了我们班学生为春天写的赞歌。

一

小草铺满大地，那是春天小姑娘的新外套吧。

大地花红柳绿，那是春天的彩裙吧。

风中摇曳的垂柳，那是春天小姑娘的辫子吧。

花儿朵朵盛开，那是春天的笑脸吧。

二

高飞的风筝，那是春天的头饰吧。

小鸟的歌声，那是春天的音符吧。

小雨沙沙响，那是春天的琴声吧。

平静的湖面，那是春天的镜子吧。

三

大雁南飞的足迹，那是秋天的文字吧。

洁白的云朵，那是夏天的帽子吧。

冰冷的秋雨，那是秋天的眼泪吧。

纷飞的雪花，那是冬天的舞蹈吧。

一闪一闪的星星，那是天空的眼睛吧。

学生有着惊人的仿写创造力，不仅春天描写得生动，夏天、秋天、冬天、天空也进入了他们的视野。仿写成诗，语文要素与人文要素有机融合。"双减"不是躺平，利用课前五分钟堂堂练、课中十分钟随文练，高质量夯实基础知识技能，雅慧课堂让语文要素落地生根。多出来的时间，学生有了更多亲近自然，观察、阅读、运动、休息的时间，助力学生成长为有家国情怀的栋梁。

二、个性化攻克核心素养——课后雅设计出彩

"核心素养"是"双减"后小学语文作业重要的设计领域。低年级的素养作业设计构想包括生活主题、自然识字、绘本、童书、长文阅读、自由写绘，保护学生的童真，激发兴趣，培养阅读习惯。阅读贯穿语文学习全过程，是必备技能，不是课业负担。亲近自然感受生活是低年级语文的主旋律，作业设计作品化，由全班统一的"作业"，走向个性出彩的"作品"，撬动"双减"课后作业的变革，落实学生的语文要素，提高学生核心素养。

1. 抖音作业——朗诵雅作品成辑

经历疫情这几年网课的锻炼，提交视频作品对学生家长来说没有难度。抖音合拍的功能很强大，右栏是朗诵素材，左栏是小小朗读者出镜朗诵，这种合拍视频，制作简单，学生、家长容易掌握。

抖音作业的素材，从朗诵课文内容开始，慢慢增加些节奏感强的诗歌、绘本故事、童书。坚持一段时间后，对比前后不同时期的朗诵作品，能明显感觉出学生朗诵语音面貌、朗诵技巧等进步。多个朗诵视频作品，发在个人抖音账号，形成学生的朗诵专辑，亲友的点赞鼓励，让学生更有动力坚持每天朗诵打卡。这也能进一步激发学生朗诵的兴趣，体验到在朗诵方面的成就感。

有一定的录制、发布视频作品的经验后，教师可布置：表演型作业，如《守株待兔》课本剧表演；演绎型作业，如曹冲称象的小实验；生活型作业，如当小导演，向爸爸妈妈介绍日月潭；共读一本书，好书分享；找春天，我和春天合个影；等等，也适合用视频作品的形式呈现，效果不错。

"找春天"是小学二年级语文第一单元的主题。学生尽情在户外找春天，展示自己感受到的不一样的春天。从树叶百变造型开始，起初在地上摆班级数字、生日数字、姓名、桃心造型，后来在卡纸上用树叶和花朵拼出春姑娘，展示自己眼中的春天。也有的学生，把自己当成作品的一部分。春天在小朋友的眼睛里，凸显眼睛，他想到了海盗，挖个洞的树叶，就是很好的海盗造型的点睛之笔。学生洋溢着灿烂的笑容，在思考、交谈、审美、实践中培养了语文要素。

2. 绘画日记——随笔雅作品成书

低年级学生普遍对绘画的兴趣高，自由写绘，图文记录生活点滴，能在文字之余，增加记录的趣味性，落实语文要素。比如，校运会、班级里的小组比赛活动、甲骨文创作画、我们把春天种在教室里、放学途中的见闻小故事等，常出现在学生的绘画日记本中。

一位学生，善于观察生活中的种种细节，多种主题进入了他的绘画日记。刮风下雨时，放学路边的施工队还在辛苦工作，小作者嘱咐叔叔们要注意安全；运动会过程中，大家热情高涨，可公布成绩时，班里没获奖，大家瞬间像泄气的皮球，小作者鼓励大家以后再努力争取获得更好的成绩；读书日那天，妈妈买了"凯叔讲故事"两年的会员，还包邮送了凯叔勋章，小作者给自己立目标，以后继续努力扩展知识面；美团下单买比萨，比实体店直接买便宜，省了钱很开心，小作者准确记录了"10后"信息时代原住民的网民生活琐事。笔者在这学生的绘画日记里留言："你是我们班的小杜甫，记录很多身边的事。读你这位小记者的日记很舒服，绘画插图让人眼前一亮。"

有位男生，因家长忙于小生意，较久没有和家长有效沟通了。一天，他写道：放学后，和妈妈一起卖菜，自己帮忙把玉米皮收到垃圾袋，卖完菜，天黑了，觉得妈妈很不容易，要帮妈妈多做些事，回家路上，买了冰激凌吃，很甜。笔者看后在日记本中写道："你的文字很朴实，记录准确，我感受到了你对妈妈的爱，也感觉到了妈妈对你的爱。"后来，笔者跟家长交流说，学生在日记本里常写和爸妈相关事，学生心思很细腻，要多鼓励。家长也反馈，学生每天很主动、自觉、认真地写绘画日记，也比以前更体贴父母了。

绘画日记本成了我们班学生的心灵花园。笔者在绘画日记本中和小作者们交流感受。小小绘画日记本，是很好的师生互动载体，见证着学生螺旋上升式掌握语文要素的过程。较好的图，署上小创作者的名字，入选看图写话的班级图库，在未知的某天，小创作者就是看图写话的出题小老师。比较好的绘画日记本，入选班级示范本，并定期复印、胶装成一本班级绘画日记书，供学生翻阅。班级给小作者们颁发的"看图写话出题小老师""未来小画家优秀小作家"等证书，对小作者本人是很好的认可、鼓励，也能为别的学生树立很好的借鉴学习榜样。

3. 阅读卡思维导图——图文雅作品成册

思维导图能让思维可视化，在语文的字、词、篇不同水平的学习中，都是很好的落实语文要求的工具。学生整理字、词的思维导图，能拓展识字量，锻炼思维；整理课文、诗歌的思维导图，有助于架构知识框架；整理课外儿童读物的思维导图，能提高阅读信息的加工水平；几个关键词，串成一段话，能协助打开学生写话、复述故事的思路。

教室的图书角里，每个学生从家里带来十本适合的儿童读物。课后服务时间，作业完成后，可以阅读，阅读课也可以阅读。低年级的阅读，面宽，知识较浅，重在引导学生对大自然的好奇心，观察日常生活，养成好习惯，塑造品格。

学生初读后，有兴趣的篇章就精读，并用A4纸创作思维导图或是篇章插图阅读卡，积累好词好句，有输入有输出。制作得比较精美的思维导图、阅读卡，教师会收集起来，用塑封机塑封过胶，打孔，一百页左右串成一本思维导图插图班级作品册。课间，常看到学生在欣赏班级图文作品册。

三、结束语

作业练习是教学的重要环节，课前课中课后相结合，发挥导学、固学、思学的作用，助力低年级学生养成科学的学习习惯，落实核心素养。雅设计、慧练习、提素养。听、说、读、写的能力在学生身上是参差不齐的，老师要发现学生的闪光点，多鼓励学生出品不同种类的出彩作品。扬长能提高学生的自信，由点带动面，点燃其语文学习的内驱力，使他们主动掌握语文要素，进而提高语文素养。

参考文献

何捷.“双减”政策下，小学语文作业设计的整体框架构想［J］.江西教育，2021（40）：10-11.

探究雅课堂"学—教—评"
在提升教育教学质量中的作用

广东省潮州市湘桥区城南小学　朱锐纯

一、绪论

(一)研究背景与意义

教育是国家发展的重要组成部分,而教育质量的提升是保障教育事业健康发展的关键。随着信息技术的迅速发展,网络教育成为教育行业的重要组成部分,如何保证网络教育质量成为亟待解决的问题。雅课堂学教评作为一种新型的教学评价方法,以其高效、实时、准确的特点受到了越来越多教育工作者的关注。因此,探究雅课堂学教评在提升教育教学质量中的作用,对于促进教育教学质量的提升具有重要意义。

(二)研究目的与意义

本文旨在探究雅课堂学教评在提升教育教学质量中的作用。具体包括以下几个方面:

(1)分析雅课堂学教评的特点及其在教育教学中的应用。

(2)探讨雅课堂学教评对提高教师教学能力的影响。

(3)探究雅课堂学教评对提高学生学习效果的作用。

(4)探究如何有效地使用雅课堂学教评来提升教育教学质量。对雅课堂学教评进行分析和探究,将为提高教育教学质量提供有益的参考和借鉴,有助于教育教学的创新和提升。

（三）研究方法与流程

本文采用文献综述法和案例分析法相结合的方式进行研究。具体步骤如下：首先，通过文献综述法收集和整理与雅课堂学教评相关的文献资料，分析其特点及应用情况；其次，通过案例分析法，选取一些使用雅课堂学教评的典型案例，分析其应用情况和效果；最后，综合分析以上研究结果，提出相应的对策和建议。

二、相关理论与文献综述

（一）教学评价概述

教学评价是指对教师教育教学活动进行系统评价，以评价结果为依据，对教育教学活动进行反思和改进。教学评价是提高教育教学质量的重要手段之一，对于促进教育教学改革具有重要意义。教学评价的目的是通过对教育教学活动进行评估，为改进和提高教学提供科学的依据和方法。教学评价包括形成性评价和总结性评价。形成性评价是指对教学过程中的每个阶段、每个环节进行的评价，目的是及时调整教学策略，促进教育教学质量的提高。总结性评价是指对教学活动的整体进行评价，目的是对教育教学活动进行反思和改进。

（二）雅课堂学教评概述

雅课堂学教评是一种基于互联网的教学评价平台，旨在帮助教师提高教育教学质量。雅课堂学教评采用先进的评价技术和方法，通过收集学生和家长的反馈意见，评估教学效果，提供针对性的改进建议，促进教育教学质量的提高。雅课堂学教评的评价方式包括学生评价、家长评价和自评。学生评价主要是对教学过程中的授课方式、教学方法、知识掌握情况等方面进行评价；家长评价主要是对教师的责任心、态度、对学生的指导和关心等方面进行评价；自评则是教师自己对教学工作进行的评价。

（三）雅课堂学教评的相关文献综述

目前，国内外已有大量研究探讨了教学评价和教学评估方面的问题。在国内，王振耀等人对新课改背景下教学评价的发展进行了探讨；杨玉珠等人对小学英语教学中的形成性评价进行了研究。在国外，伦敦大学戴安娜·劳里劳德（Diana Laurillard）教授等人探究了教育科技的应用与教学评价的关系；澳大利亚墨尔本大学约翰·哈蒂（John Hattie）教授等人通过meta分析，探究了各种教学策略和教学方法对学生学习成效的促进作用。

（四）教学评价与教育教学质量提升的关系

教学评价是教学过程中对教学目标达成情况进行评估的过程，它既是评价教学成果，也是评价教学过程的重要手段。教学评价不仅有助于教师了解教学效果，也有助于学生提高学习效果和自我认知能力。而教育教学质量是教学工作的重要标志和核心内容，是评价教学成果的综合体现。优质的教育教学质量可以提高学生的综合素质和能力，也可以提高学校的声誉和竞争力。因此，教学评价与教育教学质量提升密不可分。

（五）雅课堂学教评的特点与优势

雅课堂学教评是一种以学生为中心、注重反馈和提升教学效果的教学评价方式。它具有以下特点和优势：学生参与度高——雅课堂学教评的核心是学生参与评价，学生可以根据自己的实际情况自主评价教学效果；教学效果反馈及时——雅课堂学教评可以及时反馈教学效果，让教师及时调整教学内容和方法，提高教学效果；促进教学质量提升——雅课堂学教评是一种全员参与的教学评价方式，它可以有效促进教学质量的提升，提高学生的学习积极性和效果；满足个性化需求——雅课堂学教评可以根据不同的学科、不同的教学内容和不同的学生需求进行个性化评价，更好地满足学生的需求。

三、探究雅课堂学教评在提升教育教学质量中的作用

在现代教育中，教学评价是一个至关重要的环节，能够有效地提高教学质量，帮助教师更好地指导学生，同时能让学生更好地掌握知识。而雅课堂学教评则是一种现代化的教学评价方式，它将传统的教学评价与现代化的科技手段相结合，有效地提高了教学评价的准确性和科学性。本文旨在探究雅课堂学教评在提升教育教学质量中的作用。

（一）雅课堂学教评在提高师生互动中的作用

教学评价不仅是一种单向的评价方式，也是一种师生互动的方式。雅课堂学教评可以通过实时反馈的方式让学生了解教师的教学情况，同时让教师了解学生的学习情况，进而实现师生之间的良好互动。这种互动不仅可以提高学生的学习积极性，还可以帮助教师更好地了解学生的需求，更好地指导学生。

（二）雅课堂学教评在促进课堂教学创新中的作用

雅课堂学教评不仅可以促进师生互动，还可以促进课堂教学创新。通过实时反馈，教师可以了解学生的学习情况和反馈，进而有针对性地调整课堂教学内容和方式，以达到更好的教学效果。这样不仅可以提高教师的教学能力和创新能力，也可以激发学生的学习兴趣和主动性。

（三）雅课堂学教评在提高教学质量中的作用

最终，雅课堂学教评的最终目的是提高教学质量。通过实时反馈和有针对性的调整，教师可以更好地指导学生，让学生更好地掌握知识，提高学习成绩。同时，这种教学评价方式也可以帮助学校更好地管理教学质量，提高教学质量的整体水平。综上所述，雅课堂学教评是一种非常有用的教学评价方式，它可以提高师生互动，促进课堂教学创新，最终达到提高教学质量的目的。

四、案例分析

（一）案例选择与说明

本研究选取两所小学作为案例，分别是A小学和B小学，两所学校均为城市重点小学，教学水平较高。在两所学校中，分别选取两位教师进行观察和调查，其中一位教师使用雅课堂学教评，另一位教师未使用雅课堂学教评。通过对比两位教师的教学情况和学生学业成绩，探究雅课堂学教评在提升教育教学质量中的作用。

（二）案例分析与解读

1. A小学

在A小学，张老师在教学中广泛应用雅课堂学教评，通过学生参与、互动和反馈等方式提高了教学效果。在张老师的课堂上，学生积极参与，课堂气氛活跃。通过使用雅课堂学教评，张老师得以及时了解学生的学习情况，及时调整教学策略，满足学生的学习需求，提高了教学质量。而在同学科同班的另一位李老师的课堂上，学生表现相对被动，课堂氛围相对单一，教学效果较为一般。通过比较两位教师的课堂教学情况，可以发现雅课堂学教评对于提高教学质量具有明显的作用。

2. B小学

在B小学，王老师尝试使用了雅课堂学教评，但在实际应用过程中遇到了一些困难，主要包括学生反应迟缓、教师不熟练等问题。尽管王老师在课堂上努力引导学生使用雅课堂学教评，但是学生对于该应用程序的反应并不积极，最终导致应用效果不佳。而在同学科同班的另一位赵老师的课堂上，由于未应用雅课堂学教评，课堂氛围较为单一，教学效果一般。通过比较两位教师的课堂教学情况，可以发现雅课堂学教评需要教师和学生共同努力才能发挥最大的作用。

（三）案例结论与启示

通过对以上两个案例的分析，可以发现雅课堂学教评确实在提升教育教学质量方面发挥了重要作用。在这两个案例中，教师利用雅课堂学教评对学生进行了实时评价，不仅使学生更加积极参与课堂互动，也帮助教师了解学生的学习情况，及时调整教学策略。此外，利用雅课堂学教评平台还可以帮助教师更好地掌握教学效果，及时进行反思和调整，从而不断提高教学质量。

通过案例分析，我们可以得出以下几点启示。首先，教师需要正确使用雅课堂学教评。在使用雅课堂学教评时，教师需要根据课程和学生实际情况选择合适的评价指标和方法，同时合理安排评价时间和频率，确保评价的准确性和有效性。其次，雅课堂学教评需要不断完善和更新。随着教学理念和方法的不断更新，雅课堂学教评也需要不断进行改进和完善，以适应教学的变化和需求。最后，学校和教育部门应该加强对雅课堂学教评的支持和推广。通过加强对雅课堂学教评的宣传和推广，可以让更多的教师和学校了解和使用该平台，从而提高整个教育系统的教学质量。综上所述，雅课堂学教评在提升教育教学质量方面具有重要作用，然而，它仍需要不断完善和推广，以实现更好的教学效果。

五、结论

本文通过对教学评价概念、雅课堂学教评的概述及其在教学过程中的作用进行了探究，结合实际案例分析，得出以下结论：雅课堂学教评可以有效提高师生互动水平，增强课堂氛围。雅课堂学教评可以促进课堂教学创新，激发学生学习热情。雅课堂学教评可以提高教学质量，促进教学效果的提升。然而，本文的研究仍存在不足，如在案例选择上受限于时间和资源，未能深入分析更多的案例，研究结论的普适性仍须进一步验证。同时，随着教学评价体系的不断完善和发展，未来雅课堂学教评可能会面临新的挑战和机遇。最后，本文研究得出的结论对于提高教学质量和促进教学改革具有一定的启示意义。教师应该充分利用雅课堂学教评，通过建立科学有效的教学评价体系，提高课堂教学质量，推动教育教学的持续发展。

参考文献

[1] 范绍佳，胡清华.雅课堂学教评在英语教学中的应用研究 [J].外语电化教学，2021（2）：66–69.

[2] 李宗轩，邱晓晖.利用雅课堂学教评在中学物理课堂中实现学生参与式教学 [J].科教导刊（中学版），2020（19）：72–75.

[3] 田佳佳，郭永香."雅课堂学教评"在高中数学课堂教学中的应用研究 [J].教育教学论坛（普通高中教育），2020（21）：154–155.

[4] 陈文璐.雅课堂学教评在高中历史教学中的应用研究 [J].历史教育，2020（12）：104–106.

[5] 赵梦娇，王瑞.雅课堂学教评在小学英语课堂中的应用研究 [J].外语界，2019（4）：68–72.

[6] 王敏，张树瑜.雅课堂学教评在初中语文课堂中的应用研究 [J].教育教学论坛（初中教育），2019（20）：128–130.

[7] 吴斌，徐鹏程.雅课堂学教评在高中物理教学中的应用研究 [J].物理，2019（5）：34–37.

[8] 杨玲，陈俊.雅课堂学教评在高中语文课堂中的应用研究 [J].语文研究，2018（8）：73–75.

[9] 王静，李颖.雅课堂学教评在小学数学教学中的应用研究 [J].数学教育研究，2018（5）：81–85.

[10] 段金平，李岩.雅课堂学教评在高中政治课堂中的应用研究 [J].政治教育与教学，2018（5）：120–123.

构建雅慧诗意语文课堂

广东省潮州市湘桥区城南小学　谢漫婷

在新课程改革的背景下，语文教学要改变以往过度强调理解学习、死记硬背地机械学习的现状，重视学生的全面发展，关注学生的学习兴趣，提高学生的人文素养。因此，语文教学中所存在的弊端也引起了广大教育工作者的重视与反思，语文教学方式的改革也迫在眉睫。我校依托广东省教师校本研修示范学校、潮州市小学语文教研基地等平台，加大课堂教学教研力度，积极探索"雅慧"新课堂，培养城南"雅慧"新人。在探索的过程中，我认为"诗意语文"这一概念正切合时代的要求。

"诗意语文"区别于以往的语文教育，不仅仅是简单地为应试教育服务，而是通过教师对课堂的掌握与把控，以语言为媒介，在学生与文本之间搭建起一座情感的桥梁。"诗意语文"所强调的是语文的诗性，教师在课堂运用诗一般的语言带给学生诗一般的感受，从而激发学生对诗的丰沛的想象，给予学生深刻的精神体验。

"诗意语文"这一语文教学理念，无疑符合新课程改革对语文教育的要求，它融合了语文的工具性，凸显出语文的人文性。而"诗意语文"这一理念也并非生硬的、静止不动的理念。正如王崧舟老师所说："诗意语文不是一个名词，而是一个动词。诗意语文永远走在路上，永远在路上行走。"因此，在新课改的背景下，"诗意语文"作为创新的教学理念，也将不断发展、不断创新。

一、"诗意语文"对雅慧课堂的意义与作用

语文课程标准指出：语文实际上是一种文化的构成，是能够彰显文化特性和文化价值的一门课程。语文教育"不仅是一个知识的获得过程，也是陶冶人性和情操、丰富学生的情感和精神世界、唤醒心智与灵魂、促进生命成长的文化过程"。

语文是一门充满诗意的学科，其诗意体现在语文学科所传达的人文精神。在新课改的背景下，身为语文教师，我们不仅要重视语文学科"听、说、读、写"的工具性，也要重视语文学科传达出来的人文精神，带给学生生命的感悟。

因此，"诗意语文"有别于传统的应试教育，其在散文课堂中的一大意义便是将语文的人文性较好地发挥了出来。通过"诗意语文"这一教学理念，教师在课堂上会更加关注学生自身，而非只是简单地进行"填鸭"似的应试教育。在这种转变下，课堂能做到"以人为本"，也就能做到陶行知先生所说的"千教万教，教人求真；千学万学，学做真人"。

而基于此，教师在语文教学的过程中就能真正做到以教师为主导，以学生为主体。学生在学习上做自己的主人，也能更大限度地激发学生的学习热情和学习积极性。

二、小学诗意语文课堂的构建

（一）情感导入，营造氛围

受以往应试教育思想的影响，一些教师在组织课堂的过程中，经常以密集的考点为主，即便是小学的古诗教学也不例外。然而古诗是一种抒发作者真情实感，饱含作者真挚感情的文体。因此，大量的考点将会使诗歌课堂变得死气沉沉。所以这个时候，一个妙趣横生的导入就显得尤为重要。一个精心设计的导入，可以使学生的注意力集中于课堂，引发学生的思考与想象。

1. 创设情境导入法

正如前文所说，诗歌一般是抒发作者思想与情感的文体。所以课堂前的导入，也应当以作者的情感基调为切入点。以王崧舟老师的《长相思》一课通过情境导入，用语言为学生搭接起现实与诗歌之间的桥梁。王崧舟老师先通过联

系旧知，即王安石所写的《泊船瓜洲》，启发学生对乡愁的理解——是一片吹绿了家乡的徐徐春风。又联系了张继的《秋思》，在张继的笔下，乡愁便是一封封写了又拆，拆了又写的家书。通过语言导入、迁移旧知的这种方式，使学生仿佛置身作者所描写的情境之中，让学生能够身临其境，与文中的情感高度共鸣，感作者所感、悲作者所悲。这样，一方面能激发学生的学习积极性，另一方面能让学生更加直接深刻地感受与理解《长相思》中乡愁的含义。

2. 音乐导入法

音乐自古以来便有教化的作用。在我国古代，诗词与音乐更是息息相关。音乐优美的旋律与细腻的情感，在教学上，也能帮助教师带领学生进入诗意的语文课堂。因此，课堂导入也可以利用音乐来帮助学生进入课文的情境之中。

以《长相思》为例，教师可以通过在课前播放《故乡的云》《乡愁四韵》等音乐，带领学生在音乐的熏陶下进入课文的情境。这样，学生在阅读课文之前便能体会到乡愁那丝丝缕缕牵动人心的愁绪，也就能更加深刻地感受到纳兰性德夜来难眠的愁思。

3. 设置悬念导入法

导入的一大作用便是引起学生的学习兴趣。而在课文的开始，教师可以通过设置悬念的方式来引起学生注意与思考。例如，在《枫桥夜泊》这篇古诗的教学中，王崧舟老师先用《涛声依旧》的歌词引发学生对"无眠""失眠"的思考。然后又通过"不眠""难眠"等词，带学生推出来"愁眠"。

在教学伊始便抛出一连串问题，通过一系列悬念引起学生学习的兴趣。这就符合了"诗意语文"中，培养学生阅读兴趣与学习兴趣的理念。当学生对课文产生兴趣时，教师便可引导学生通过进一步的学习去理解体会作者文章的深意，感受古诗中情感的层层递进。

因此，语文教师应当对导入进行精巧设计。这就需要教师在对课文整体感知的情况下，把握住作者的情感基调与课堂主旨，并且结合自己的综合素养，营造氛围，将学生带入情境。

（二）回归文本，重视朗诵

在以往对古诗词的教学中，诵读法就已经起到了非常重要的作用。可以说，如果要读懂读透一首古诗，反复多次的诵读是很有必要的。因此，在诗意语文课堂之中，也不能轻视诵读的作用。

在古诗词教学中，教师可以在正确把握作者的思想感情之后，带着作者的情感，以情带读，为学生进行范读，让学生在教师的范读中体会作者的真切情感。由于学生是初次接触课文，对课文的情感、脉络的把握还不够清晰，所以在初步学习的阶段，教师的引导与示范尤为重要。

教师范读，一方面为学生的诵读起到示范的作用，另一方面教师通过自己对课文情感的把握，以范读将这份情感带给学生。师生在诵读的过程中感受作者的情感与文章文本的魅力。同时，范读也可以起到疏通字词读音的作用。

（三）文化拓展，关注生命

语文是一门充满了人文性的学科，语文教育最终是要教会学生"学做真人"，因此，"诗意语文"的最终也是要教会学生关注生命，掌握人生，从而发展出属于自己的"诗意人生"。

王国维在《人间词话》中说："一切景语皆情语。"一切诗句皆因作者有感而发，那就离不开作者当时的人生境遇。那么构建诗意语文课堂，除了通过让学生了解创作背景，以达到能切身体会作者情感的目的之外，还应关注作品与作者本身的联系，以及作品对于学生人生观、价值观的塑造。例如，在《枫桥夜泊》中，作者对江南深秋景象的精准刻画，背后所蕴藏的正是作者羁旅之思与家国之忧。

在学习古诗词过程中，学生总是充满了自己对课文的感悟与体会。"诗意语文"使学生在课堂上能够一点一滴地接收到教师所传递出来的文化，并在此过程中养成了积累、思考的习惯，从而促使学生结合教师所讲解的内容，感受到课文中真挚而丰沛的情感，形成自己对人生、对生命的感悟，最终搭建起属于自己的"诗意人生"。

三、结语

"诗意语文"这一教学理念产生于新课程改革之际。在新课程改革的大背景下，"诗意语文"这一教学理念，也更加凸显语文人文性与工具性的统一，符合新课改的要求。而"诗意语文"这一教学理念在教学实践中并非停滞不前的概念，而是随着一线教师实践的发展仍在不断地完善、不断地更新。因此，我认为将"诗意语文"这一理念带入课堂，正是对"诗意语文"这一教学理念的补充与拓展。希望在未来的职业道路上，笔者能在教学实践中，不断地补充以及发展"诗意语文",践行"雅慧"教育,不仅带给学生知识,更要带给学生美的感受与体悟,培养他们正确的世界观、人生观与价值观,帮助他们找到属于自己的诗意人生、雅慧人生。

参考文献

[1] 王崧舟.诗意语文:王崧舟语文教育七讲[M].上海:华东师范大学出版社,2008.

[2] 王崧舟.自赎与拯救:诗意语文的再发现[J].语文教学通讯,2008(13):12–19.

雅规划　慧延伸　打造和雅共生的课后设计

广东省潮州市湘桥区城南小学　唐永嘉

合理的作业设计与实施能帮助学生巩固课堂学到的知识，为接下来学习新知打好坚实的基础。在小学阶段数学学科中，合理的作业设计与实施能有效培养学生数学学科核心素养，为学生后续的学习提供必要的能力储备。而在"双减"背景下，如何进一步优化小学数学作业的设计与实施，是每个小学数学老师当前应着重考虑的问题。基于此，我们进行了相应的探索和研究。

一、小学数学作业设计与实施的现状与存在的问题

过去，小学数学教师在布置数学科作业时存在不少应付情况："充分"利用课本后面的练习和"一教一辅"的配套练习。将这些练习布置、讲评完就万事大吉。或是私下增加练习卷、练习册的数量，不断刷题。这些做法欠缺考虑，没有从学生的实际需求出发，教师的主观能动性未能发挥。导致以下情况发生。

1. 作业时间过多

作业（尤其是家庭作业）所占时间太多，学生和家长每天回家几乎都只围着同一件事转——完成学生的家庭作业。尤其是中低层学生，完成作业的时间更是成倍增加，造成亲子关系紧张。"没有作业母（父）慈子孝，一提作业鸡飞狗跳"，这简单的话语却是现实中亲子关系的真实写照。

2. 学生不够自信

在一系列的作业完成过程中学生经常处于被动接受的地位，或是在出错中不断地调整降低自己心中的自我定位，尤其是学习自觉的中上层学生更是如

此。长期被动地接受，容易造成学生自信心不足，以后进入社会工作，往往也只能处于被动接受的地位，缺乏主动创造性，无法发挥真实才干。

3. 家长无法发挥

与二三十年前不同，现在的家长大多是"80后""90后"，整体文化层次有很大提升，接受过系统教育，有足够的知识储备，有多渠道的知识来源，更有自己的教育见解和想法。一些家长有能力、有时间，想更多参与学生教育，却由于孩子每天无法迅速完成家庭作业而很难参与学生成长路上的个性化教育。最多只能帮忙讲解题目，无法更加充分地发挥应有的作用。从某个角度来讲，在学生的成长和教育过程，家长大多被排挤在外。

4. 多刷题少理解

学生完成相关练习时更多的是机械完成。"刷题"一词就是指机械的、重复的、大量的、大面积的完成各种练习。为此不少学生靠死记硬背各种解题套路来应付各种练习题，知其然不知其所以然，长此以往必定失去学习兴趣，学习效果也不能保持。

5. 重智商轻情商

传统的教育尤其是作业的设计和布置，重智商培养，轻情商培养。忽视学生的社交属性的养成，大多鼓励学生独立完成作业，缺乏合作与交流能力的培养，忽视学生后续人生的社交需求。这也容易导致学生踏上社会后患上不同程度的"社恐症"。

6. 轻视自我评价

学生对自己学习行为的评价大多来源于教师和家长评价的延伸，不懂得如何对自己的学习行为进行有效评价，只处在人云亦云、"老师家长说什么就是什么"的盲从层次。无法正确自我认知，便无法自我评价，也就无法调整规范自己的学习行为。更甚者不愿盲从长辈的评价，却又无法准确定位自己，进而迷失自我，产生叛逆心理。

二、小学数学作业设计与实施改革的整体策略思路

"双减"政策就是在之前这样的背景下应运而生的。"双减"政策第一项就是强调减轻学生过重的作业负担。最主要的体现是对于作业"量"的严格把控，灵魂是对于"质"的提升。我们就如何多方位、有目的、系统性地提升作

业的"质"进行实践和研究，确定整体思路如下。

1. 重视自我实现的需要，培养学生的"自信心"

在减量提质的前提下，要充分照顾到学生的心理需求。马斯洛需求层次理论中第五层次是自我实现的需要。所以，在设计作业时要为学生留有余地，让学生能时常体会成功的喜悦，培养他们的自信心。

2. 注重核心素养的培养，铺平学生的"学习路"

数学学科核心素养是一个长久的能力，会对学生以后的学习起到关键性的作用。只有注重核心素养的培养，才能使学生形成一个系统的思维模式。这样，学生对数学知识会记得更加清楚明白。学生在数学核心素养不断提高的过程中，对知识的理解也会越来越深刻，这为他们以后的学习铺平道路。

3. 融入思想品德的教育，树立学生的"正三观"

当今社会上的一些不良现象印证了从小对学生进行思想品德教育的重要性。帮助学生树立正确的世界观、人生观和价值观，对其后续的学习、工作和生活都有举足轻重的作用。我们一直强调德育融入教学工作，同样，在作业的设计与实施中也应融入思想品德教育，树立学生正确的"三观"。

4. 关注社交属性的需求，减少学生的"社恐症"

当今的社会光靠单打独斗很难有立足之地，学会与人交流、处理好人际关系显得尤为重要。过去很长一段时间我们只片面地追求智力的培养，轻视学生社交能力和情商的培养，但过去亲戚、邻里之间互动较多，往往能通过这些互动来弥补培养学生的社交能力。现在随着人口结构和居住模式的改变，类似的互动越来越少，很多学生不会与人交往，情商得不到锻炼培养。所以，在作业的设计和实施中，教师要关注学生社交能力和情商的培养，避免他们进入社会之后产生"社恐"。

三、小学数学作业设计与实施改革具体实施方法的试验和研究

基于以上存在的问题和改革的整体策略，我们在作业形式的设计和实施方法进行相关的试验和研究，觉得可以从以下几个方面入手。

1. 按不同难度，设计分层作业

照顾不同层次学生，让不同层次的学生都能体会成功的喜悦，帮助他们建立自信心，让学有余力的学生有挑战成功的成就感，初步体会自我实现

的喜悦。

2. 按不同重要度，设计可替换作业

将作业设计分为"必做作业"和"可替换（亲子）作业"。既满足没有条件的家长对于学生学习的需求，又腾出弹性时间，让有条件的家长发挥自己的主观能动性，自行选择与本节知识点相关或者虽不相关但自己觉得有必要的能力点开展亲子教育，参与学生的学习成长，充分发挥家长在学生成长路上应有的作用。

3. 多设计动手操作类作业

"纸上得来终觉浅，绝知此事要躬行。"再详细生动的教材或讲解都只是间接经验，比不上学生亲自动手的直接经验。教师要多设计动手操作类作业，如画线段图、画立体图形；制作长方体、正方体、火柴盒、圆柱、圆锥等模型。让学生进一步发展几何直观和空间想象能力，增强运用图形和空间想象思考问题的意识，提升数形结合的能力，增强直观想象素养，感悟事物的本质，培养创新思维。

经过多次试验，我们发现多参与动手操作类作业的学生对比其他对比组学生，在直观想象能力上有明显的提高，对题目的分析与理解更胜一筹，不是单纯地死记硬背套公式，而是在理解的基础上进行分析解答，做到知其然更知其所以然。

4. 多设计交流探索类作业

如在教学六年级下册第二单元《百分数（二）》中，可设计让学生了解生活中不同商家优惠活动的计算方法；查找不同银行各种情况的存贷款利率；了解深陷信用卡和网络套路贷泥坑的原因；查找身边各种税收的缴纳情况……在实际交流探索中培养学生的交流能力，也让学生通过寻找收集数据，整理数据，提取信息，对信息进行分析、推断，从而获得结论。在培养学生数据分析核心素养的同时进行思想品德教育，帮助学生树立正确的"三观"。

5. 尝试设计相互评价类作业

要让学生从盲从他人评价到懂得自我评价、自我教育、自我调整、自我进化。可以先从评价他人开始，向评价自己延伸。站在旁观者的角度点评他人是相对比较基础的能力，教师通过设计相关作业、评价表格引导学生正确评价他人的学习行为，进而让学生将目光转向自己，学会自我评价，进行自我教育、自我调整、自我进化。在尝试学会如何使他人更好地接受自己的评价中也能进一步培养学生的情商和社交能力。

教学实践中，我们设计了以下评价表格作为课后作业中的一项。在教师的引导下，学生从评价他人延伸到自我评价，从对某节课的自我评价延伸到单元学习的自我评价，培养了自我评价能力。

（1）他人评价表

参与评价人员	教师	同学1	同学2	同学3
课堂笔记情况				
发言的表现				
交流讨论的过程				
学习态度				
备注：认为被评价者表现非常好的记为A，表现良好的记为B，表现合格的记为C				

（2）学生自我评价表

序号	内容		星级表现
1	我的学习状态		☆ ☆ ☆ ☆ ☆
2	我能做好课前准备		☆ ☆ ☆ ☆ ☆
3	我能积极举手发言	回答问题	☆ ☆ ☆ ☆ ☆
		提出问题	☆ ☆ ☆ ☆ ☆
4	我能认真聆听与思考		☆ ☆ ☆ ☆ ☆
5	我能积极思考，有一些奇思妙想		☆ ☆ ☆ ☆ ☆
6	我愿意与同学进行交流分享		☆ ☆ ☆ ☆ ☆
7	我能得到他人表扬		☆ ☆ ☆ ☆ ☆
8	我能听得懂本节课的知识		☆ ☆ ☆ ☆ ☆
9	我会运用本节课的知识		☆ ☆ ☆ ☆ ☆
我对自己本节课表现的总体评价			☆ ☆ ☆ ☆ ☆

（3）学生单元学习情况自我评价表

评价内容		星级评价	评价目的
知识技能	我已经能判断事件发生的确定性和不确定性	☆☆☆☆☆	自我对学习结果的评价
	我理解随机事件结果发生的概率不同，感受事情发生概率的大小	☆☆☆☆☆	
数学思考	我在试验、游戏、应用所学等活动中能积极提出问题、独立思考	☆☆☆☆☆	自我对学习过程的体会
	在分析问题、解决问题等活动中，我能有条理地表达自己的想法	☆☆☆☆☆	
问题解决	我能运用可能性的知识解决问题，思维过程清晰	☆☆☆☆☆	
	我能在数学活动中与同伴合作交流解决问题的过程	☆☆☆☆☆	
情感态度	我能积极主动参与数学活动	☆☆☆☆☆	自我学习情感体验
	我在学习的过程中感到快乐和满足	☆☆☆☆☆	
我共获得（　　）颗☆			
我的收获、体会			
我的遗憾			
我的总体评价		说明：37～40颗☆ "优"；33～36颗☆ "良"；29～32颗☆ "中"；24～28颗☆ "达标"；24颗☆以下 "待达标"	

　　填表说明：学生根据自己的表现，给星星涂上颜色；"我的收获、体会"中填写掌握了哪些知识点或取得了哪些进步；"我的遗憾"中填写还没有掌握哪些知识点或还需要提高的方面。

　　总之，"双减"背景下小学数学优化作业设计与实施的研究直接关系到一代学生的健康成长。由于个人能力水平有限，以上观点只能起到抛砖引玉的作用。教师在平时的教学工作中需多加留心，主动发现问题，积极思考，寻求解决问题的对策与具体方法并付诸实施。只有这样，学生才能够得到更加全面的发展。

参考文献

王艾琳，张志平.论数学核心素养的重要性及培养［J］.教育学，2018
　　（157）：67-73

第三篇

千树万树梨花开

——雅行活动

何为"雅行"？字面意思为：行为雅正。《汉书·卜式传》："齐相雅行躬耕，随牧蓄番，辄分昆弟。"颜师古注："言其行雅正，又躬耕也。"

作为一所荣获广东省文明校园、广东省红领巾示范校、广东省劳动特色示范学校、广东省书香校园等诸多殊荣的百年名校，我们牢记使命，传承红棉精神，赓续百年文脉，坚持以"雅正崇实，尚美立品"为办学理念，把立德树人、"五育"并举融合到秀外慧中的"雅教育"办学追求中，外修"雅致美"，内求"真善美"，培养"能有一种乐施向善的家国情怀，德雅润人生；能有一种知书达礼的谈吐自信，言雅传文明"的雅美新人。

近年来，学校从百年城南文脉出发，打造和雅温馨、典雅大气的雅致校园，营造高雅和谐工作氛围，培养儒雅教师；学校注重特色教育，引领内涵发展，不断更新理念，打开视角，将雅行教育从课堂向家庭和社区延伸，拓展"雅行德育"深度和广度，努力让雅行德育浸润每一个生命。积极探索"雅实教育"理念下"多学科融合主题""十雅微德育养成课程""雅行家校智慧研学"等德育活动设计与课程开发，将雅行德育渗透到学生生活、学习各个方面，融合到各学科教学中去，烙印到学生内心深处。

知行合一，以雅育人。学校从养成教育入手，以培养"六雅"学子为目标，开展优秀文明级段、班级评选，寻找最美典型，选树新时代好少年，大力宣传"城南好少年"风采，使学生有慧中而秀外的素养，有规范的言谈举止。各级、各班打通校家社联动合育，探索学校、家庭、社会相结合的劳动教育模式，以劳树德、以劳增智、以劳强体、以劳育美，引导学生树立正确的劳动观念，塑造学生勤劳踏实、团结协作、勇于创新的劳动品质，开辟雅行育人的智慧新路径，打开课堂与生活的通道，让儿童的德性在劳动体验中获得真正的生长，从而形成我校智慧雅行的育人特色。各学科教师通过学科整合，以生活启蒙教育为抓手，让学生在看待问题的方式和选择行为倾向时能沿着健康正确的方向发展，培养学生积极向上的生活态度和优秀的品质，使其形成健全的人格及正确的人生观、价值观。

身心齐臻，以雅化人。作为雅行德育的实施者、引导者，教师根据各年级学生的特点，在班级管理过程中，巧用心理故事提升小学中年级班级管理能力，用心理故事丰富学生的体验和感悟，看到解决问题的方法，助力调动内在资源，促进领悟和成长，向内激活学生的成长，提高学生自律意识，向外营造他律环境，使学生掌握基本礼仪规范和同伴交往规则，保持身心健康，形成阳光自信个性，做一个融入社会、正确生活、幸福生活的人。

千树万树梨花开，雅美少年入画来！在教育高质量发展的新时代，我们坚信，只要坚守教育初心，勠力同心、砥砺前行，致力推行雅行德育，必将能使雅行理念深深扎根于每一个孩子心中，孕育出"雅致美"与"真善美"兼修的雅美少年，为每个孩子的终身成长奠基，这正是教育的意义所在。

家校共建班级阅读雅文化

广东省潮州市湘桥区城南小学　陈培君

"读万卷书，行万里路。"阅读在学生的成长过程中具有非凡的意义和价值。那么，应该怎么做才能潜移默化地影响学生喜欢阅读并且主动、愉悦地进行阅读？下面结合自己平时如何打造班级阅读雅文化，引导学生坚持阅读浅谈几点看法。

一、树立终身阅读理念

每个人都希望自己是一个发现者、研究者、探索者，而这种需求在儿童的精神世界中尤为强烈。所以，我紧抓这一强烈的需求，用心创设情境，开展了"请你推荐一本好书"主题班会课，鼓励学生登台演讲。整节主题班会在轻松、活跃、富有理想性和丰富想象力的氛围中进行，同学们联系已有的生活经验，去体验、去感悟，加深感受，大胆畅谈对自己影响最大的书籍。我跟学生分享了犹太人爱阅读的故事和新课标下我们城南小学雅正教育倡导师生终身阅读的理念，期待学生成长为"爱阅读、有理想"的好学生。看着学生神采飞扬、畅所欲言的样子，我知道"爱阅读"的种子已悄然种下，我们在唤醒、感染、点燃、成就的教育中双向奔赴。

二、重视"静态"文化

1. 打造墙壁文化，书香满园

苏霍姆林斯基说过："一所好的学校，连墙壁也能说话。"如果我能让班里每面墙都会说话，都具有育人功能，那不就能时时熏陶学生吗？我在班里发出倡议"班级阅读雅文化我做主"，号召学生一起来打造我们班的班级阅读雅文化。这一倡议得到了所有人的响应，全班同学齐参与，纷纷出谋献策，真是"众人拾柴火焰高"。

听，小泽说："陈老师，我来写一幅书法作品。"子童说："陈老师，我们来开辟一个阅读之声专栏，可以让大家留下自己的阅读体会。"不少学生纷纷表示要捐出自己阅读过的图书，充实图书角，助力班级雅文化建设。瞧，第一小组的同学制作了许多跟阅读有关的书签挂在古色古香的窗户上，如"读书能使你看见自己从未曾想象过的景象和思索，以及想象出未来，它很难以用言语形容"。再如"读书之乐，从孰无？学问之乐，何比哉"。第二小组的同学精心绘制了图文并茂、赏心悦目的阅读小报，整整齐齐地张贴在宣传栏上。

走进我们班，一墙一角，处处皆用心设计，请看：班门口，映入眼帘的是那一张张学生快乐阅读的照片；墙壁上，张贴着学生分享阅读收获的手抄报；黑板上方，悬挂着小泽同学的书法作品《书香满园》……

2. 开辟快乐书吧，书香传递

"快乐书吧"是同学们最喜欢的班级小角落，是学生课间自由阅读的小天地，那里有令他们爱不释手的书籍，那是他们享受书香的最美时分。溢满书香的教室里最不缺的就是学生的读书身影，学生带上一两本好书，舒服地坐下，以书为友，或是安静阅读，静品书香，或是小声朗读，神采飞扬。置身于一方有书的天地，学生在心中默默镌刻下"为党为国为人民，为己为家为将来"的理想，文雅有礼、方正做人。

三、借力"动态"文化

1. 激发兴趣，整合资源，点燃阅读之旅

除了阅读者自身的认知因素外，在阅读过程中，情感因素的作用尤为重要。首先，教师的语言和行为可以为学生发出正面导向：阅读是有趣、有用的！所以课堂上师生共读时，教师应创设宽松、有趣、融洽的阅读氛围，使学生主动参与阅读。其次，教师要有强烈的整合意识，整合各种课程，整合各种资源，以书籍为桥，引导学生主动读、悟、说、写、画，学用结合，让学生在阅读中获得成功的快乐，从而真正喜欢阅读，并将阅读进行到底。

2. 开展多彩的阅读活动，助燃阅读之旅

如果说家庭是学生阅读的启蒙乐园，那么班级就是学生阅读的主阵地。亲子阅读，把学生引入阅读的圣殿；师生共读，则是学生走向阅读深处的最好引领。我举办了"亲子故事会"，邀请家长进课堂分享有趣的绘本、故事。我带领学生进行整本书阅读——《孤独的小螃蟹》，我们一起聊人物、聊情节、聊主题，充分调动了学生分享的积极性，学生参与度高。课上，我十分重视学法指导，从开头的谈话引入，到各个环节的过渡，以及最后的总结，一直有意识地渗透整本书阅读的方法，力求让学生掌握科学高效的阅读方法，养成良好的阅读习惯。

"阅读漂流"是同学们最喜欢的活动，他们不仅可以交换喜欢的书籍，还可以与志同道合的小伙伴交朋友，一举两得。我们还不定时组织"阅读沙龙"，隽永的诗歌、优美的散文、有趣的童话故事、神秘的民间传说……都可以在阅读沙龙里和朋友们分享。我阅读，我思考，我快乐，我成长，学生正昂首阔步行走在阅读的欢乐旅程。

3. 家校密切合作，推进阅读之旅

小泽爸爸给班级定制了一个独一无二的书屋。小珩妈妈负责班级阅读雅文化策划，她从静态和动态两个方面入手，环环相扣，建设了一个阅读生态系统。家长所提供的各种资源，为班级阅读雅文化布置起到了很大的促动和推进作用，而且家长的参与也形成与学生共同成长的互动氛围，从而成为教育的支持者和参与者。学生呢，也因为自己亲身参与班级阅读雅文化建构，感受到主人翁的愉悦，从而更加珍惜这份劳动果实。家校合力，有效打造班级阅读雅文化，促进教师、家长和学生的共同成长。一举多得，何乐而不为？

优美的阅读环境，富有特色的阅读文化，科学高效的阅读活动，将阅读从教室延伸到家庭，从课内拓展到课外，让我们班阅读俱乐部脱颖而出，荣获2020年广东省中小学"最美阅读空间"称号。书是美的，但更美的是那一张张认真阅读的笑脸。同学们，让我们与书籍相处，与阅读共生，在字句之间品味温暖，感知世界，丰盈人生！

雅书共享　美韵飘香

广东省潮州市湘桥区城南小学　陈培纯

作家聂震宁说过，"阅读力"可以分为三个层次，首先是阅读兴趣，其次是阅读习惯，最后就是阅读能力。"阅读力"的三个层次也对应着"学习力"的三个层次：学习动力、学习毅力、学习能力。因此，首先要激发学生的阅读兴趣，其次是培养学生的阅读习惯，最后是提高学生的阅读能力。全面实施"双减"政策以来，作业量总体少了，学生课余有更多可以灵活支配的时间，我决定开启班级的图书漂流活动。图书漂流活动，既优化资源，实现图书的资源共享，又能培养学生良好的阅读习惯，更能促进学生之间的交流、交往，让学生增进感情，体验分享的快乐，提升阅读的兴趣和能力。

一、未雨绸缪，聚力准备

在《阅读力决定学习力》一书中，聂震宁认为分级阅读很重要，他提出三年级到四年级，是从图文书到文字书过渡的阶段，这个阶段，要激发学生对语言的兴趣。图书漂流的宗旨是分享、信任、传播，图书漂流的是书香、知识和信任，图书漂流是对诚信自律和文明阅读的期待。做图书漂流的文明使者，让图书漂流起来，让学生享受更多的阅读乐趣，体验分享的快乐！三年级是小学阶段阅读承前启后的关键时期，阅读漂流活动既能激发学生阅读兴趣，还能提高学生阅读能力，肯定能得到家长的支持。

经过我的假期全班总动员，参加华樾集体举办的"好书伴我行"活动荣获集体一等奖，我们在假期初就收到了好多的奖品，其中有四十多册图书。这批有着特殊意义的图书作为漂流图书再好不过了。我们在家委会的协助下，根据学生成长的特点，精挑细选了适合三年级学生阅读的图书，有中外童话故事、百科全书、优秀传统文化经典、中外文学名著等。设计制作了"图书漂流卡"，对漂流图书进行整理、登记。在每本漂流图书的封面都细心地贴上了漂流的"身份证号码"。签领的学生要为漂流的图书"保驾护航"。"图书漂流"是书籍在人与人之间传递阅览的过程，是一段美丽的奇妙旅程。为了使漂流活动顺利开展，师生、家长一起不断地研讨、完善"图书漂流"公约，让雅书在学生间传递阅读，让图书通过"结识"不同的读者，发挥书本的最大潜力。

二、民主推选，漂流领航

一切工作准备就绪，怎么推进阅读漂流活动呢？还需要有图书管理员！三年级了，应该放手让学生去尝试体验，自主管理。我决定在班里公开、民主地选举图书管理员。先是自荐环节，主动性高的学生大都有为大家服务的奉献精神；再经过热烈的讨论，大家积极推选出平常表现自立、做事细心的同学担任图书管理员。经过层层选拔的图书管理员都非常尽职尽责，他们不仅在每次漂流时耐心指导同学怎么按要求去填写图书漂流卡，还在每次漂流结束后细心地整理归档，在漂流中起到了领航的作用。我欣喜地看到了，学生在阅读漂流中的成长——他们互相关心，互相提醒，互相督促，共同进步。

三、手不释书，乐于分享

读书怡情，读书益智，读书成才。读书漂流活动悄然进行，我们通过读书漂流这别具一格的活动，营造了浓郁的读书氛围，带给学生新的体验与感悟，激发了学生读书的热情。

1. 扬帆起航

阅读漂流活动一周漂流一次。说实话，对于三年级的学生，既要一字不落地完成阅读，又要完成阅读交流，这阅读的要求会不会有点高呢？没想到真的是"书非借不能读也"，学生不仅都能在课余时间读完书，还能自主选择记读书笔记、写读书体会、分享心得等方式，记录整理自己的阅读收获，漂流活动顺利起航！

2. 分享传递

阅读力的提升，需要动口、动手、动心。所谓动口，就是要通过不断诵读，领悟书中的意思；所谓动手，是要认认真真地做读书笔记，摘录自己喜欢的句子，写下读后感想；所谓动心，就是读者可以和作者、和书中的角色实现碰撞和思想的交流。如果能做到这三点，阅读就达到了一个很美妙的境界了。

每月的分享会如期举行，我们一同聆听学生的阅读收获——《小王子》《安徒生童话》《水浒传》《西游记》《爱的教育》……踊跃参与的学生，大胆展示分享，一次历练，一次成长。读书分享会上，学生有的解读文本，有的分享好词佳句，有的推荐自己最喜欢的片段或人物，有的畅谈自己的读书感悟。为了提高学生的阅读兴趣，在读书分享时我特意设置了一些问题，让学生有选择地进行谈论交流。这样一来，读过书的学生谈得兴致勃勃，没读过的学生也听得津津有味……

阅读漂流分享会，不仅让学生既兴奋又好奇，感叹原来书本里的世界是这么的丰富多彩，也增进了学生之间的分享交流，动心的阅读让书韵飘香致远。

3. 书海漫游

图书分享会为学生搭建起了一座阅读分享的桥梁，而在教室展示的"阅读漂流卡"，阅读的感悟、阅读寄语的传递，就像放归大海的"漂流瓶"一样，在漂流中获得新的阅读生命。开展"阅读漂流"活动，不仅提升了阅读的趣味性，更提高了阅读的有效性，动心动情，培养学生"爱读书、读好书、善读书"的阅读习惯。

"双减"背景下如何有效提升学生的语文素养？最是人间胜景处，书香悠悠暖心田。图书漂流的不仅是图书，更多的是一种精神，一种热爱读书、热爱学习的精神，一种热爱读书的氛围与习惯！"行走拓宽世界，读写重建心灵。"让雅书漂流，让书香流淌，愿每本书在传递中实现价值，愿每个学生都能在书香中汲取营养，充盈人生！

参考文献

聂震宁.阅读力决定学习力［M］.北京：现代教育出版社，2020.

（本文2021年12月在湘桥区中小学教育教学科研论文评比活动中荣获三等奖）

雅美心育　助力成长

广东省潮州市湘桥区城南小学　张淑云

新课程标准对班主任的各项工作提出了严格要求，关注班主任教育质量，要求在班主任的引导下，促进学生全面健康的发展。因此，班主任在平时的教育过程中需要强化反思，不断总结，结合教育实际，合理地运用心理学展开教学，助力学生健康发展。外修"雅致美"，内求"真善美"，德雅润人生，雅美新人是很多班主任教育学生的最终目标。在日常工作中，要求班主任将雅行德育渗透到学生生活、学习中。

一、小学班主任教育工作基本特征

小学班主任作为小学教育管理工作的主力，在提升班级管理水平、规范学生行为、提升学生心理素养方面扮演着不可替代的角色。为此，一名优秀的小学班主任，一定要积极贯彻落实新课程改革需要，转变教育理念，提升教育质量，将更多新型策略运用到班级教育活动中。班主任不同于代课老师，班主任需要遵守的文件规范更多，要保障教育工作进一步强化，从而提升小学生智力发展水平，使学生的道德素养及心理调节水平提升。因此，日常中班主任应致力于革新教育方法，为教育工作质量的提升奠定基础，从而为雅美少年的全面健康发展增添动力，提供更多的帮助。

二、小学生心理特征

小学阶段作为素质教育的起始阶段，是学生正式接受学校教育的开端。这一时期学生身体发育快速，知识累积丰富。小学阶段是正确"三观"形成的黄金期。小学高年级的学生对比中低年级的学生心理成熟度高了一些，但是仍然相对简单同时又有一定的矛盾性。他们有着很多美好的愿望，也有着远大的理想，却不愿意真正付诸行动，并没有为实现梦想而做出较大的努力。这一阶段的学生非常注重老师对自己的看法，尤其是很多学生来自独生子女家庭，从小以自我为中心，有着较强的自我意识，这是缺点同时也有有利的一面——过分以自我为中心的学生往往有着很强的上进心，喜欢争强好胜，但是仍然止步于口头，畏难情绪严重。

三、心理学应用于班主任教育过程中的价值所在

小学班主任在展开教育工作的时候，强调心理学的高效应用，能够更好地走进学生内心深处，真正了解学生需要，从而提升教育过程的科学性、合理性与顺利性。党的二十大对新时代的教育工作提出了更高期望，强调立德树人教育发展任务的高效推进，关注德智体美劳全面发展人才的培养。因此，班主任在展开教育工作的时候，应合理地运用心理学，关注学生心理健康素养，使学生心理朝着更加健康的方向发展，促进其健全道德人格顺利形成。在教育过程中合理融入心理学，使学生心理健康水平显著提升，高效解决小学生存在的情绪不稳、畏难情绪严重、缺乏毅力、抗挫折能力差等心理问题，使其心理朝着健康积极的方向发展，也为中学阶段的教育活动奠定良好基础。

四、班主任在教育过程中如何发挥心理学的教育作用

1. 了解学生心理需要并发挥引导功效

小学班主任在推进教育工作的时候，需要全面掌握学生的心理特征，真正能够走进学生内心深处，把握好学生心理需要，并在推进教育工作时可以此为基础发挥引导功效。贯彻落实人本理念，保障学生心理健康知识教育的针对性、实效性的增强。因此，小学班主任在展开教育活动的时候运用心理学，必须对学生的心理健康方面的需要有全方位的把握，做好学生心理需求分析。例如，在具体教学环节，通过主题班会的方式让学生将自己对学习的感受充分表达出来，从而把握好学生的心理需要，借助多元化的方式手段增进师生之间的感情，让学生真正愿意向班主任敞开心扉，将自己内心真实的想法表达出来，以生活为启蒙，让学生看待问题时和选择行为倾向时能沿着健康正确的方向发

展，这对班主任教育工作的合理推进也十分有利。

2. 促进和谐积极的班级氛围的营造

班主任要想在教育过程发挥心理学的教育作用，还需要强调和谐积极的班级氛围的营造。班主任需要不断提升自我，加深对理论知识的学习，尤其是强化小学生心理健康知识教育理论教学、心理咨询、心理健康辅导等，使自身的教学理论知识体系的充实程度进一步提升。班主任高度关注心理健康教育工作方法的探索，实现心理健康教育模式的创新优化，使小学生的心理健康教育朝着健康、积极、高效的方向发展，培养学生积极向上的生活态度，使其形成健全的人格，身心齐臻。

3. 强化创新，改进传统教育模式

传统教育过程与新时期的教育发展需要不相契合，因此，班主任在开展教育活动的时候一定要强调教育模式的创新。在创新教育模式的过程中切忌盲目大意，一定要充分考虑学生的学习实际，充分考虑教育的基本要求及目标，提升教育活动的科学程度与合理程度。在创新教育环节，班主任应将科学文化知识的学习作为前提基础，采取有利举措提升学生的心理素养水平。比如，小蔡是一个容易被激怒、和同学关系不好、容易打人、经常和其他孩子发生矛盾的学生。对班主任而言，可采取有针对性的教学方式方法，凭借积极正向的情绪以及敏捷的思维，在学科的教学中，深入普及一些做人的道理，讲述一些雅行德育，使雅行理念深深扎根于每个孩子心中，影响学生、感染学生、触动学生，让学生感受到老师的积极情感。培养"雅致美"与"真善美"兼修的雅美少年，为每个孩子的终身成长奠基，这才是教育的意义所在。

4. 定期展开心理健康辅导教育

小学教育活动中，专门的心理健康教育课程开展得并不多，因此班主任在平时的教育过程中，需要定期对班级学生进行心理健康教育。一方面，学生接受有效的心理健康辅导，促进其良好的心理环境的形成，对学习、生活有积极作用。另一方面，班主任对班级学生展开心理健康辅导，对其他教育活动以及教学工作有促进作用。因此班主任必须做好教学规划，合理地开展心理健康教育辅导，让学生以良好的心理环境投入学习活动。当然选择的心理健康教育课题应尽量与小学高年级学生的实际生活密切联系起来，让学生在平时的生活中合理运用心理健康教育知识。

综上所述，心理学在班主任教育过程中的应用，有助于班主任全面了解学生，真正走进学生内心，掌握学生的实际需要，从而提升教育活动的针对性与高效性。还能够帮助学生保持良好的状态，更好地投入学习活动，促进其健康全面发展，让雅美学子保持身心健康，形成阳光自信的个性，做融入社会、正确生活、幸福生活的人。因此，小学班主任在进行教育活动的时候，要注意合理地应用心理学。

参考文献

［1］谢全红.积极心理学理论在中小学班主任心理健康教育中的应用［J］.课外语文，2013（8）：152.

［2］王晓慧.积极心理学理论在中小学班主任心理健康教育中的应用［J］.中国科技经济新闻数据库　教育，2017（3）：194.

［3］孟学梅.浅析教育心理学在中职班主任工作中运用［J］.神州，2013（24）：117.

［4］马丽莉.心理学在中职班主任管理中的运用［J］.课程教育研究，2017（6）：228–229.

［5］李明全.高中班主任德育工作心理学的应用分析［J］.南北桥，2020（7）：57.

塑健全人格　育雅美少年

广东省潮州市湘桥区城南小学　黄丽芬

所谓的"雅美少年"，是指自信、诚信、健康、快乐、会合作、能探究、有创新的一代少年。培养学生的自控能力和抗挫能力在学生个性发展的过程中起着举足轻重的作用。下面笔者将从自控能力和抗挫能力这两个方面来谈谈如何塑造雅美少年健全的人格。

一、培养雅美少年的自我控制能力

我们平时所说的自控，心理学上叫自我控制。它控制着个体对自身心理的表现和行为，是自我意识的重要组成部分。主要表现在没有外在监督的情况下，学生能否控制调节自己的行为、抵制外来的诱惑，也就是知道什么时候该做什么，什么时候不该做什么。

小学阶段学生自我控制能力的发展对一生的影响是重大的。当今社会，大多数独生子女身上都有缺乏自控力的通病，由于家长对孩子的无理要求一贯满足，养成了他们以自我为中心的不健康心理，注意力不集中、没有时间观念、做事拖拉、半途而废、霸道蛮横、控制不住自己的情绪等现象屡见不鲜。因此，培养雅美少年的首要任务就是培养学生的自我控制能力。

1. 提高自我控制意识

教学中我们应该重视与学生自我控制意识相关的教学内容，有目的、有计划地实施教育。例如，课堂上学生由于突发事件情绪激动，难以平复时，教师可以通过"123，坐整齐"或打节拍的方式使学生明确自己能做什么，不能做什么。在教学中使学生明确观念，学会控制自己的行为，并调节自己的心理、支配自己的行为，激励自己，去压制、克服困难，做自己该做的事情。自控意识培养的关键在于家校联手，同步教育，教师要通过各种渠道和家长沟通，使家长明确培养学生自我控制能力的重要性，促使家长去端正教育观念，并协助家长找到培养孩子自我控制能力的有效方法，共同促进雅美少年自控能力的提升。

2. 培养自我控制能力

每个人的自控能力都不是与生俱来的，自控力差是孩子的天性，所以必须靠后天的培养。自控力是随着学生认知能力的发展以及所接受的教育而发展起来的，学生的自控行为通过多次重复就会形成良好的习惯。不同水平、能力的学生，应该有不同的奋斗目标。教学中我们首先要为学生设定一个明确的目标，这个目标不能太高，必须是学生通过自己的努力就能实现的；其次引导学生制订明确可行的计划并一步一步努力去实施，同时要做好监督工作，以保证学生有毅力坚持下去；最后要求学生每天睡觉前检查自己计划的完成情况，一段时间后老师要根据学生计划的完成情况适当给予奖励，没有完成计划的要及时进行反思并查找原因，或恰当设计一些处罚性手段使学生自觉地对自己的行为负责并加以控制，逐渐培养学生的自我控制能力。当然，这里所讲的适当处罚是不同于体罚的。

二、培养雅美少年的抗挫能力

面对竞争激烈的现代社会，每个人都有承受挫折和失败的能力，否则就会引起心理失衡。然而，当今中小学生心理健康状况并不理想，由于孩子早熟现象日益严重，加上家长的过度溺爱，不少学生存在不同程度的心理问题，如任性、叛逆、厌学、意志薄弱等。学生平时在家养尊处优，很少受到批评，在挫折面前容易走极端。教师应根据实际情况，通过设计相应主题的班会对学生进行抗挫教育，让学生感知在学习中会遇到各种各样的困难，在生活中也会遇到不同的挫折。

1. 认识挫折，接纳失败

在日常教育教学中，教师要采取适当的措施和途径为学生"打一下预防针"，使学生意识到在现实生活中遇到挫折是难免的，从而使学生日后面对困难和挫折时能从容应对。例如，经常在班里开展一些竞赛或评比的活动，如口算比赛、生字闯关游戏、班干部竞选活动等，通过开展一系列评比的活动就能准确地观察和分析出不同学生产生的不同反应和心理状态，教师就能有的放矢地做好教育工作。同时使被淘汰的学生充分认识到，失败是一次挫折，虽然无法逃避，但也要以平常心去面对，学会接纳失败，树立克服困难的信心，争取下次的成功。

2. 正视挫折，挑战失败

挫折是把"双刃剑"。如何把挫折给人带来的痛苦变成激励自己前进的积极因素呢？当学生不能走出挫折的阴影时，老师应该及时引导，使学生认识到，金无足赤，人无完人。培养学生向挫折挑战，就等于培养了学生积极向上的态度，就像有人问登山爱好者为什么要去登那座高山。登山爱好者回答说：因为那座山就在那里。

3. 分析原因，战胜挫折

教师首先要了解具体情况，其次分析原因，解决问题。作为教师，首先应该做一位倾听者，并在一种平等、友善的谈话中让学生自由倾诉；再次了解具体情况后，教师又应该充当咨询顾问的角色，帮助学生分析困难的原因，让学生找到困难的原因所在，自己提出解决办法，提高学生对问题的预见性和分析问题的能力，进一步树立起战胜挫折的信心，迎接新的挑战。

4. 家校联系，培养抗挫能力

教师要通过多种渠道，加强家校之间的联系，及时了解并纠正家长们有偏差的教育观念，使家长能配合老师，让家庭教育和学校教育能够有机地结合起来，家校携手，共同促进学生健康心理的发展，培养出雅美少年那种自信、健康、快乐的优秀品质。

培养学生的自制能力和抗挫能力是一个全方位的系统工程。对一个正处于急需各种人才、高速发展的转型性社会而言，具有优秀品质的阳光少年是今后培养复合型人才的必要条件。而作为雅行德育的实施者、引导者，培养这样的学生也是我们神圣的责任。我们的教育将使学生走出消极的阴影，沐浴积极的阳光，从被动走向主动，形成阳光自信的个性，让生命焕发出特有的光彩。

（本文2021年6月获第八届广东省中小学优秀教研成果评比活动一等奖）

润物无声德雅美　育人无痕待花开

广东省潮州市湘桥区城南小学　谢木坚

目前中国在校的学生都是家长的心头肉，一直以来，享受着社会方方面面的爱。随着生活水平的提高，学生具备了良好的物质条件和优越的客观环境，自我意识增强，有着强烈的表现欲望，但是缺乏责任心、危机感，甚至很少思考自己的所言所为。但是在实际工作中，教师却常常主观走入关注误区，只关注各门功课的成绩，对于学业以外的知识、价值观与技能的获得则忽略漠视。教育的误差，让学生变得"难管"。

心灵洒满阳光，才会有健康的行为，良好的心理素质对学生的人格形成、身体健康和学习效率有着十分积极的影响。作为雅行德育的领路者，我发现学生的心理问题越来越突出：叛逆，彼此之间缺乏包容，顶撞老师家长……为此，我们需要当好学生心灵的中转站，开辟雅行育人新路径，让学生在良好的环境下放松身心，同时在耳濡目染下，慢慢感悟到自己的问题所在，并伴随着师友和家人的鼓励和帮助，逐步形成健全的人格和健康的心理。无痕教育就是指教师不再是枯燥乏味地讲理论、苦口婆心地说教，而是能巧妙地隐藏教育的意图和目的，以各种方式（间接、暗示、迂回等）启发和引导学生，以雅化人。

一、体验生活的幸福

雅行教育追求人人幸福。在如今的中国，大部分学生都拥有幸福美满的家庭，但是天有不测风云，也有原本美满的家庭遭遇了巨大的变故，乃至自己身患重疾，父母不合离异、意外去世等事情发生。这种沉重的打击大人都不一定能扛住，更遑论一个身心尚未发育成熟的小学生了。事实残酷，让人无可奈何。教育重点关注的对象其实就是这类出现家庭变故的学生，可惜，敷衍的对待莫说收不到预期的效果，有时反而会激化师生间的矛盾，造成师生间的隔阂，产生不小的负面影响。面对这些不幸的学生，教师一定要有爱的关怀，要有足够的耐心，借力施力，巧妙协助学生度过"悲观期"，跨过这道人生大"坎"。家庭内部问题不止给学生带来生活上的辛酸，心理上的创伤更不知道要什么时候才能愈合。随着时间推移，心理问题就会由此而生，如极端偏激、仇视社会、善妒等。伴随着全国讨论学生幸福问题的升温，作为特殊群体的小学生，他们的幸福度数以及提升他们的幸福感成为当下最热门的话题。初登三尺讲台时，我任教的班级里就有这么一个同学。刘玲是一个不幸的女孩，生活总是伴随着不幸，年幼时父母双亡，只能寄居于亲戚家。没有父母约束的她做事总是随心所欲，丝毫不考虑他人感受。其实，她内心的深处对生活早已失望，存在一种深深的厌世感，没有什么能提起她的兴趣。一次英语课上，她还是跟往常一样一个人静静地趴着。当我走近才发现原来她生病了，脸都疼得开始变形了，但她一直默默忍受，不肯告诉别人。我赶紧通知其他老师代课，背着她就向最近的诊所跑去。在诊所的大门外，她一直眨巴着水灵灵的眼睛不可思议地看着我：这个世界上还有人真心关心我吗？这个世界是否真的那么无情？看完病后，刘玲首次对我讲了课堂以外的话——"谢谢"。不久，她变了，变得开朗、乐于分享……极其平凡的生活体验让刘玲不仅收获到别人的关心，更感受到了幸福。润物无声，以雅育人，朴实无华的细节，足以改变一个人。

二、尊重与信任

到了一定的年龄段，随着生理和心理的发育，学生会逐渐产生与老师对抗的行为，这些行为愈演愈烈，最终导致逆反心理的形成。小楠同学就是这样的一个实例。在他看来，打架斗殴、对抗老师是有"真本事"，讲兄弟义气是好汉……班里很多同学经常被他肆意讽刺、挖苦，班级形成"无人识得好人好事，人人皆知霸凌欺侮"这种正义公正缺失的局面。叛逆是一种"长大"的错觉，学生希望通过表现出自己的"与众不同"，甚至故意唱对台戏捣乱来吸引他人的目光。而教师往往以教育者身份居高临下，和学生之间难以交流。越是单向施力，越会产生情感的碰撞和抵触，无法在最佳时间对学生的心理问题进行疏导，这样无益于学生的健康成长。雅行教育践行"以学生为本发展，为学生终身负责"的理念。为人师表者，应以身作则，雅育先入师心，再入生心。教师要走进学生心中就需要蹲下来并以平视的眼光去真诚地交流。教师要学会尊重学生，就需要先去除传统观念，改变自己权威的地位，客观看待这一生理兼心理变化；采取包容、理解的态度去正面引导，不讽刺、不挖苦，认真倾听他们的所思所言，以他们的眼光来看问题，不轻易站在大人的角度，从而选择最佳的解决方案。于是，我在课后"缠上"他，拉他到教室的空桌位上谈天说地，跟他讲起了老师年轻时候"拉帮结派"的故事。平时"横着走"的小楠没想到他眼里的"敌人"居然会把他当成兄弟对待。在好奇心驱使下，他居然认真地听了起来，边听边若有所悟。一次班干部换届的班会上，我推荐他当体育课代表，他有点受宠若惊，一脸不知所措。其实，他的体育成绩非常好，也热衷于篮球，只是平时为了逞能而故意不参与任何比赛。当选后，渐渐地，在班干部的带动下，他对班务开始热心起来，还带头约法三章呢。同学也从一开始的恐惧隔阂到后面发自内心地认同。六年级毕业的那天，他专门到办公室来看我，由衷地对我说了一句："谢谢您，老师，您的信任是我人生道路上的明灯。"信任、尊重对于叛逆期的学生来说，无异于一碗"心灵鸡汤"，越喝越有味道，越喝越有营养。

三、树立正确的价值观

雅行教育的目标是：学生具有健康的心理和人格，能做一个融入社会、正确生活、幸福生活的人，其看待问题的方式和行为倾向能沿着健康正确的方向发展。小学高年级的学生，身心开始处于飞速发展阶段，在社会上各种因素的影响下，互相之间易产生一种朦朦胧胧的好感，这是很正常的事情，但他们年龄还太小，不能正确对待这种关系，万一得不到及时的引导，那么轻则影响其身心良性发展，重则可能导致社会问题。早恋问题是永远摆在我们教育工作者面前的待解难题，处理这种问题，需要的不仅是爱心和耐心，更加需要我们教育者去汲取智慧，以艺术的形式来进行教育。学生刚刚步入青春期，对异性有特别的关注只能说明学生长大了，不再是以前那种对男女关系无知无谓的状态了，恰好表明学生进一步定位了自己的性别，对不同性别产生强烈的认知欲望。细细想来，这跟学生学习各科目时对自己所不了解的知识的渴求不是一个道理吗？加上现如今社会风气的影响，学生之间也会开始乐此不疲地谈论起男女生之间的同学关系。见到班里有一男一女或坐或站在一起，交流问题，放学同路回家，好事的人就开始在背后议论纷纷，指指点点，所谓小学生早恋由此而来。五年前，班里迎来了一个四川的插班生陈巧儿。巧儿品学兼优，还是学校的文艺代表，总是能第一个承担学校班级的任务。但是有一段时间，她突然变得神情恍惚，每天无心听课，学习成绩开始出现直线下降。后来有一天，有个学生神神秘秘地递了一张字条给我，上面赫然写着："某某某，我喜欢你。"我关注你很久了，只是你不知道。现在我告诉你我的心意，希望你永远开开心心——巧儿。这不就是一张略显"稚嫩"的情书吗？她爸爸也了解到她出现了早恋的问题。父亲简单粗暴地干涉，使她不仅毫不悔改，还跟家人大吵了一架。这样的方式并不可取，像现在最普遍的处理方式——通报批评、写检讨、停课、公开情书等以及家长的"软禁"、偷听电话、查日记等，这样做只会适得其反：学生表面顺从，但内心极度愤恨，从"公开"到"地下"，甚至崩溃自弃，逃课逃学，"私奔"出走，甚至走上不归路。我私下找到她，她一开始也什么都不肯说。在跟她的交流中，我从没提起过"早恋"这类敏感词并明确表示不存在任何可耻行为。几天后，在我的不懈"努力"下，她终于放下心中的包袱，道出了原委。原来她对班上的一位男同学有一种说不清的好感，但是她自己也知道不好，不仅影响学习，还给对方造成困扰，可就是无法抑制这种情感。了解前因后果后，我私下和她交流，告诉她爱慕之心并不可耻，那也是正常的友谊。你喜欢他，想和他当朋友是因为这个学生有你欣赏的优点、长处，你应该正常地去交往，尊重对方人格，平等交流，学习对方身上好的发光点，互相取经，一同进步。人生这个年龄段是最美好的，是最无忧无虑的，应该努力学习，为将来的生活创造更好的条件，谈恋爱并不实际。同时，我还联系她的父母，告诉他们孩子最近的心理变化，希望父母知道以后，不要当面责备，应从孩子的思想变化和日常生活入手，多关心多留意。慢慢地，巧儿在教师和家长的陪伴下了解到早恋的危害，明白现阶段学生最重要的任务是学业，不应该浪费精力。处理学生早恋问题，一味堵截是没有效果的。心理教育并非一朝一夕的事，教师能正确地引导和利用学生的这种感情，让学生去理性思考，才能真正有效解决问题。

四、正确地表达情绪

雅思，是对学生思维品质的要求，要做到"乐思、静思、深思"。"雅思"就是要克服思想上的浮躁情绪，培养学生不达目的不罢休的顽强意志和勇敢精神，使学生把攻克难题当作一种美好的体验。孟子古训"天将降大任于是人也，必先苦其心志，劳其筋骨，饿其体肤，空乏其身"。担大任的人，百折不挠的耐挫能力是必不可少的。挫折，会把人压得粉身碎骨，也可以助人百炼成钢。一个人的未来跟心理承受力息息相关，一个民族的兴衰更是要靠心理世界的强大与坚贞。社会发展迅猛，竞争意识不断增强，孩子的被期望值也在不断提升，他们从出生开始就养尊处优，各方面都被极力满足，对挫折的到来缺乏心理层面的准备。绝大多数家庭都是独生子女，家人望子成材的愿望十分强烈。某天一旦达不到父母的预期目标，失望悲伤后，他们就会否定自己，找借口消极避世。孩子年龄尚小，思想单纯，生活道路平坦，往往两点一线，很少体验到失败带来的滋味。因此但凡遇到一点挫折就容易如惊弓之鸟，束手无策，造成情绪上的困扰。以往的应试教育着重点在分数，在知识点，忽略了学生的心理情感，忽视培养抗压受压能力，无视了学生心理素质的锻炼。孩子在面对练习、测试、交流时会表现出焦虑、厌烦、暴躁等负面情绪，一旦产生不良情绪，如不能及时关注、疏导，将会严重地阻碍心理的健康发展。有这样一个女班干部，她热心集体，团结同学，勇于担当，深受老师们的赞美和喜爱。私底下的她却是一个心理承受能力极差的小姑娘，由于是独生女，自然备受宠爱，连大声呵斥都没有经历过，情感较为脆嫩，无法面对失败。期中考试，因为解不出来一道题，她居然勃然大怒，这是一种极端的消极反应。她面对挫折选择逃避，并且采取了最具破坏性的攻击行为，失去理智的她在试卷上狠狠地画了一道，扔掉圆珠笔后选择不再做题，整整的两页题全放空。考完试，她单独来找我，在我面前号啕大哭，说她知道错了，能不能给她一次机会。责怪她于事无补，反而更刺激她脆弱的神经，此时此刻我要做的就是帮她分析受挫的心理和行为，努力把这种行为、这种情绪往正确的方向引导。我想起了这些孩子都有追星，一直深受明星行为的影响。所以，我给她讲了她喜欢的明星背后的辛酸历程，让她了解到其实每个人都会遇到挫折和失败，正确去表达自己的情绪是每个人毕生的课题。后来，我送了她很多关于心理健康的书，有时间就给她讲明星励志的故事，以榜样作熏陶，并教会她遇事应该多冷静，适当地发泄情绪。踏入教师行业以来，已经不知道遇到多少这样的学生，我总会利用课外时间有计划地设计挫折情境，设置一些有难度的日常任务，需要学生动手动脑来克服困难，帮助他们进行意志力、精神力和情绪释放能力的训练，慢慢地锻炼他们的自身心理素质，承受得起任何残酷的打击。

教育应当是一种隐形的、渗透正确价值观和思想的雅行艺术，是一种创造人类生命精神的事业。确切地说，学生都有着强烈的渴望，内心深处希望得到教师的关注，特别是来自教师的肯定。在教育教学中，面对学生时而的轨道偏离，作为教师，用心去感受，选择最佳的角度去提供帮助，才能真正有效去转变他们。

学生感受不到教育的强势介入时，雅行德育已经不显山不露水、悄无声息地进入他们的心灵，这就是"无痕"教育。无痕教育虽慢却是最有效的教育，如品一杯冬日里的热茶，纯正醇厚，这才是智慧的教育。我们应当尊重孩子的差异，放下架子，平等对待学生，不以当下评价，不求一时速度，从细节入手、持之以恒，用爱心点亮孩子心中的明灯。终有一天，"春暖花开，阳光灿烂"。我们的城南学子都能成为真正的雅行少年，让我们拭目以待吧！

参考文献

[1]闻恒章.小学生负面情绪的消除方法[J].教书育人，2019（31）：35.

[2]方富熹，方格.儿童发展心理学[M].北京：人民教育出版社，2005.

[3]陈慧.浅谈特殊儿童心理健康问题[J].佳木斯职业学院学报，2020，36（4）：214-215，217.

[4]李新新.幼儿抗挫能力培养现状及对策分析[J].新智慧，2020（20）：122-123.

玩转班级心理故事　让班级管理"雅"起来

——巧用心理故事提升小学中年级班级管理能力

广东省潮州市湘桥区城南小学　刘晓玲

童话、寓言等心理故事、小故事中，含有大道理，故事中的事与现实中的事之间有某种类似的道理。小学生对心理故事充满兴趣，师生借助阅读、分享、续编、改编、创编心理故事，能有效助推班级雅管理。

一、续编故事，建立互助雅班风，助人也开心

三年级上册语文书里有篇童话《总也倒不了的老屋》，故事讲了很古老的老屋帮助了很多需要帮助的小动物。在续编时，有些同学写了老屋继续帮助别人，这种助人的"被需要"的感觉，支撑着老屋总也倒不了。有同学写了升级版的续编，老屋帮助过的那些小动物、被老屋助人精神感动过的小动物，回来帮助老屋，将老屋修缮成游乐园，老屋过上了热闹、快乐的幸福生活。

在小学班级管理中，琐事繁杂，需要建立互助的班风，使人人都为班级出力。大家做好自己分内事的同时，有余力的话，帮人一把，如见到地上有纸屑垃圾及时捡走，为班级保洁出一份力；见到上课说话、迟到、作业拖欠的，合理提醒制止；主动投稿、积极参加各种比赛，为班级争光。一个班整体乐于奉献、团结一心，班风正、学风浓，有利于孩子们的学习。反之，一直小报告不断，人心浮躁，久了会拖垮一个班。

在营造助人班风的时候，要把握两点。一是用班规约定，自己的事情自己做，管好自己也是为班级做贡献。二是助人的目的是帮助别的同学成长，不是为了自己获得表扬。

小学中年级的学生，出现零零碎碎错误的次数不少，周围师生友善的提醒、帮助、鼓励，是孩子们成长的机会。

二、创编故事，关怀边缘学生群体，从优势雅突破

三年级下册语文书里有篇寓言《陶罐与铁罐》，故事中坚硬的铁罐傲慢地奚落陶罐，陶罐谦虚友善；几千年后，陶罐变成珍贵的出土文物，铁罐氧化腐朽不见踪影了。孩子们对于这个寓言，有很多不同角度的感悟，如脾气性格——拟人化的两个主角，有谦虚和傲慢两种不同的性格，后续命运也发生极大变化……如评价标准——罐子是否是一个好罐子，评价标准是多个维度的，容量、花纹、材质……

一位同学根据感悟，创编了《荷花、小鸟和小鱼》寓言故事。用游泳快不快评价小鸟的能力，那它是不过关的；用飞翔高不高评价荷花的能力，那它是不过关的；用花期长不长评价小鱼的能力，那它是不过关的。小鸟做好翱翔蓝天的小鸟就很好了，小鱼做好畅游水中的小鱼就完美了，荷花做好出淤泥而不染的荷花就很棒了。

另一位同学也有感而发，创编了《大树、狮子和雄鹰》的寓言故事。用扎根大地有多深去评价雄鹰是否成功，那只能看到一只泪流满面的雄鹰；用奔跑有多快去评价一棵树，那只能看到一棵暗自伤心的树；用飞得有多高去评价一只狮子，那只能看到无助可怜的狮子。

在孩子们创编的故事里，我们看到了一些边缘同学的身影。他们有些人学习成绩欠佳，但在运动会中为班级争光；有些人书写随意，但在卫生保洁方面，默默为班级贡献力量，做好事不留名；有些人作文写不好，却是画画小能手，频繁出小报装饰黑板报。他们在学习的某个方面，多次经历挫折打击，甚至不敢相信自己的能力，常感到无助、无力，出现习得性无助。

对于这类同学，师生要创造条件，让他们从自己的优点出发赢一次，进而找回自信心，再从点到线到面，搭建梯子，跳一跳，够得到为他设定的"香蕉"。

例如，班里有位同学语音面貌很好，朗诵是优势，画画布局设计好，但写字潦草糊涂，错别字多，成绩欠佳。他自己常说："我只会画画，写不好字的。"我让这位同学录了朗诵的视频，绘制了诗配画作品，给同学们看，同学们纷纷表示，他是我们班的小画家、小小朗读者。我再私下找他交流，说读、

画这么难，都是需要反复练习的，你都能驾驭，书写也是熟能生巧的，写字没人天生就会，你现在是练太少。我们约定，先争取笔顺全对，攻克一颗星，再正确合理布局，拿下两颗星，最后的目标是出笔锋，写出三颗星的字。后来那位同学坚持练习，书写整洁了不少，成绩也提高了很多。

三、分享故事，激发班级雅活力，至少赢一次

两棵苹果树，一棵介意得失，一棵不停成长。第一年结果子的时候，各结十个，主人给它们各留了两个；第二年结果子的时候，一棵结了五个，一棵结了二十个，主人给它们各留了两个；第三年结果子的时候，一棵结了三个，一棵结了四十个，主人给它们各留了两个。结苹果少的那棵树笑话结苹果多的树：你这样辛苦，留下来的也很少啊，而我留下的比例好高。结苹果多的那树说：可我自己成长了啊。

分享完故事，交流感受时，有同学说到，学期中段，在班级学习中，有时会陷入得过且过、毫无生机、缺乏干劲儿的局面：上课一潭死水，沉闷不已；科任老师布置作业，学生讨价还价，希望少布置些；课间操、眼保健操、值日劳动随意应付……这很像那棵停止成长的苹果树，少写些作业、上课少思考、少回答问题，看似占便宜了，实则是"自断筋脉"啊。

在课堂中引入小组评比、平时创设些班级写作比赛、班级书法比赛、班级朗诵比赛，能让学生更活跃些，积极主动参与学习活动。学生向内激活成长动力，向外结伴同行，至少赢一次，体验到学习带来的乐趣，班级更有活力。

另一位同学分享了新故事。几个孩子踢易拉罐，影响老人的生活了。老人把孩子们叫过来，跟他们说："孩子们，你们让我的晚年生活很热闹，谢谢你们，以后你们一人一天一元钱，来帮忙踢。"几天后，老人说，钱不是很够了，以后一天一人五毛钱，孩子们有些不乐意，但仍然继续踢。再过几天，老人说，以后义务踢，我没啥钱了。孩子们都不乐意了，没有再帮忙踢。老人巧妙地解决了噪声扰民的问题。

这个故事很好地解释了前一个故事中苹果树为什么会停止成长。外界给的报酬，影响了做事的初心。原本孩子是觉得踢易拉罐这件事情本身有趣而去踢的，是受内部动机驱使，后来是为了那一元钱、五毛钱踢的，由内部动机转化

为外部动机，外部动机撤走后，就会因动力不足而中断。

有个孩子领悟道：我们不是为了爷爷奶奶爸爸妈妈奖励的钱学习，不是为了获得奖状学习，知识本身很有趣，掌握知识、运用知识体验到的快乐是用钱买不到的。

后来，班里的学习氛围变浓厚了，比学赶帮超、攻克知识带来的乐趣是无穷的。

四、画出故事，小黑点绘雅人生，心理营养师

成长路上，遇到挫折在所难免，成绩波动、被人误解、做错事……A4纸上有一个小黑点，结合小黑点，绘制一个心理故事。孩子们展示出各种创意，都是不错的心理营养师。

小黑点是一个咖啡豆，沸水是逆境，它在逆境中与环境融合在一起，成就了自己，变成美味的咖啡。比如，字写不好看，就勤快练字，变成班级小书法家，把写字变成特长。

小黑点是鹌鹑蛋壳上的一个斑点，沸水是逆境，它在经历逆境前，是脆弱的蛋，一碰就碎，蛋液流一地，经历逆境后，是一个坚强的蛋。比如，以前口算速算一分钟只能做几题，是短板，现在练习后，速度、正确率跟上来了。

小黑点是萝卜皮上的一个黑点，沸水是逆境，它在经历逆境前，是坚硬的萝卜，经历逆境后，是一团软烂的萝卜泥。比如，以前瘦的时候，跑得还可以，现在长胖了，跑步常不及格。

小黑点是向日葵的一个籽，向日葵向阳而生，它也向阳而生，带着小黑点生活，毫无违和感。比如，写字有点难看，考试也是用这种字，常被老师说，可也过得去。

小黑点是望远镜的镜头，透过镜头看到浩瀚的宇宙，小黑点成了成就望远镜的关键存在。比如，以前不喜欢看书，一拿书就犯困，后来很喜欢看书，通过阅读了解很多课外知识。

小黑点是小孩的眼睛，透过眼睛，看到了五彩斑斓的世界，小黑点成了眼睛，是很重要的存在。比如，以前写不出作文，不喜欢写作文，后来会写之后，用文字记录生活，觉得很有意义。

心理故事是一个载体，优雅，没有很强的代入感，心理阻抗比较低，孩子

们都比较喜欢。孩子们也为自己的作品入选班级心理故事集而开心。班级心理故事集，越来越丰富，班风也越来越文雅了。

参考文献

冯强泉. 巧用心理效应，做一个"走心"的班主任 [J]. 中小学心理健康教育，2019（19）：68-69.

共情润心田　雅行育新人

广东省潮州市湘桥区城南小学　陈英

"赠人玫瑰，手有余香。"这句俗语很好地诠释着世界上最好的教养教育结果是什么：不是孩子的成绩有多拔尖，不是孩子的交际能力有多厉害，而是如何让孩子拥有爱、感受爱、付出爱的能力，即共情能力。"向雅而生教育"下的"雅行德育"，共情教育应是其不可或缺的一部分。共情教育不仅是一个概念，如果将其广泛用于对学生的思想教育以及教学之中，也会起到意想不到的效果，成为开辟雅行育人的智慧新路径。

那么，如何将共情力运用到日常的教育教学工作中，更好地无声润养孩子们的心灵？下面谈谈几点想法。

一、学会耐心倾听，以雅化人，是运用共情于教育教学活动的基础环节

"倾听"不是简单地让学生说或听学生说什么，是需要在充满包容性、接纳性的共情心理磁场的倾听中，了解学生及学生的世界，并进入他们的世界，从内心去了解学生的精神、思想、目标等，即要接纳甚至悦纳学生的表达。没有有意义的"倾听"，教师就不能真正了解学生的问题与需要，教育教学的策略与措施也会缺乏针对性。

首先要善于听学生"说"。学生之间经常容易因为一点点小事闹矛盾，可能是因为谁拿了自己的尺子……一句"这是我的"就已说明学生很在意自己拥有的东西。但当自己拥有的东西被分享时，学生就容易缺乏安全感。所以给学生一点缓冲的空间，让学生先表达出自己的感受是很有必要的。教师则要注

意全方位地仔细聆听学生的表达，听取其口语表达的同时还要观察其非语言的行为，如肢体语言、神情变化等，并适当地主动给予学生反应，表示自己听了并且已经听懂了，积极体验对方的感受，及时给予语言和非语言反馈。

还有，教师的倾听，要贯穿在教育教学的始终。比如，在学期开始，通过倾听了解初始学情；学期中期，通过倾听，发现学生的变化。而在教学的过程中，教师要留够乃至设计给学生充分表达的时间和情境，通过有意识有意义的倾听，得到学生对教学效应、效果的反馈。这不仅能增进互动、体验的气氛与深度，更能调动学生学习主动性、积极性，帮助教师有效生成、改进策略，弥补漏洞，实现有效教学。

二、尊重学生个性的差异，换位理解，身心齐臻，以雅化人，是运用共情于教育教学活动的关键环节

我们的教育，存在一把尺子量学生的问题，存在以学业成绩指标来评判学生的问题，再加上教师先入为主的印象，容易把学生的某些个性归为学生的错误，进而抑制学生鲜活的个性生命力，这难免有些违背教育教学的本质目的。共情的核心要诀是尊重，尊重每个学生都是一个独立的个体，在师生交流中，要充分考虑和包容学生的个性特点和文化背景，设身处地地予以理解，而不凭感情用事。

换位理解，就是在倾听的基础上，设身处地地从学生的立场、角度去认知学生。学生丰富多变的主观世界，就是教育教学的目标指向所在。所以，没有"理解"，就没有共情；没有"理解"，就没有教育教学目标的达成。共情中，"理解"最难；"理解"中，"换位"最重要。师生是一对矛盾的统一体，教师往往站在权威的一方，但实际上，学生才是教育教学效果的最终决定者。所以，教师要试着站在学生角度，为学生的行为寻找其合理性，尽可能最大限度地理解对方，从而触摸到学生主观世界的脉动，为积极影响学生创造条件。

三、共情才能达理，达理是运用共情于教育教学活动的指针

"达理"是共情的目标，是共情运用于教育教学的指针。共情之情，必须在理的限制下才能发挥积极作用。通过"理解"，做到设身处地去了解、理解

学生的认知和情感。在此基础上，进一步的目标是帮助学生"达理"，即在"理解"的基础上，把有意义的信息传达给学生，帮助学生，促进学生的转变与成长。从共情到"达理"，真正做到并不容易，需要教师在教育教学中不断地修炼自己。从传道解惑的外部干预，变成学生的成长共同体，关注理解学生主观世界内部的自我探索，进而顺理成章、水到渠成地引导与促进，通过共情实现"达理"。

班上的学生小圳，情绪易波动、调皮捣蛋，当教师进行大声呵斥时，他的叛逆心理就更强。就如同皮球，拍得越重，弹得越高。有时候，他虽然表面上虚心接受，但在行动上丝毫不肯悔改。如不及时处理，容易影响师生关系，不利于教师管理好整个班级。这时候，就需要教师积极与小圳进行沟通，在沟通中仔细观察，认真倾听，了解推断小圳的感受和态度，再深入小圳的烦恼中去细心地注意他的一言一行。注意他如何表达自己的问题、如何做出反应等。及时把握他的实际心理，对他的困难和迷惑加以正确的指导，效果就可能会大不一样。

与学生共情，教师能试着理解孩子的行为，也就不会认为孩子的事情是大惊小怪、斤斤计较了。获取教师共情，孩子会认为自己是被理解、被接纳、被尊重的，也就会对教师产生信任与安全感。基于这样的心理基础，孩子的心情才能平静下来，理智与认知才能恢复正常水平，才有可能进一步接受老师的批评与教育。

四、认知、情感和行为的多维统一，相互支持是共情实践的保证

共情作为一种复杂的精神现象，内涵广泛，其类型至少包括认知共情、情感共情和行为共情三大方面。也就是说，共情教育可以从认知、情感和行为三个方面综合起来开展。三维统一地灵活配合方能保证共情教育的实践有效发生。也就是要做到知行合一，以雅育人。

从认知上，共情教育需要教师理性地了解学生的个人和社会境况，包括学习压力、人际交往、家庭背景等因素。教师对学生的基本境况理解得越清楚、感知得越深入，就越能在认知层面更好地产生指向于学生的共情。

从情感上，这与强调理性参与并不互相违背，情感共情更强调教师从学生的情感方面去寻找共鸣。教师需要在对学生已有的认知共情的层面上去寻找、

感受孩子心灵深处的喜、怒、哀、乐。例如，当学生在成功解决学习中的难题高兴得欢呼时，教师也会感到高兴；当学生遇到学习中的困惑，焦虑失落时，教师也能感受他的困惑，给予开导解惑。

从行为上，在教师对学生的认知共情与情感共情都逐渐深刻时，教师对待学生的行为共情也就自然而然了。例如，面对不同的学生，教师根据实际的认知和情感共情，从不同的角度去了解、有的放矢地给予支持和帮助，引导学生更好地成长等。共情教育，需要教师全面地从自身的认知、情感、行为等多方面不断去加以优化。只有多维统一，方能让共情教育实践得以保证。

共情是一种积极有效的德育教学方法，是教师从一个知识灌输者向一个教育倾听者角色转变的关键所在，更是沟通师生心灵的桥梁。这是一种润心细无声的"雅行"教育智慧，让教育和雅共生。换一种角度说，共情教育的广泛应用，就是切实要求教师能够学会耐心倾听学生，能够尊重学生存在的个性差异，换位思考，从学生的角度去了解学生，最终解决学生的心理困惑，以雅化人，滋养学生心灵于无声处，为追求雅行教育开辟崭新的途径。

参考文献

[1] 傅淳华，杜时忠.论教师共情［J］.教师教育研究，2022，34（1）：1-6，31.

[2] 李磊.浅谈教师"共情"理念下的教育策略［J］.家教世界，2020（33）：24-25.

雅教育 惠未来

——浅谈小学生的养成教育

广东省潮州市湘桥区城南小学 卢巧娜

雅教育被确立为育人思想，起源于《诗·大序》，我的理解是要对学生进行规范的教育，教育学生做正直高尚的人，使学生有一个美好的未来。这是学校追求的终极目标，也是一个教育工作者的职责所在。我因长期在小学任教，深知小学阶段对学生进行规范教育、培养学生养成良好行为习惯的重要性。教育学生从养成教育抓起，是小学德育工作的主要内容，也是素质教育中最基础、最重要的内容之一。学校是育人的主阵地，教师在这里不仅教学生知识，还要教学生做人、培养学生良好的行为习惯，使学生向雅而生，全面健康成长，为他们今后的发展和终身幸福打下良好的基础。这对全民素质的提高、整个国家的发展也起到很大的推动作用。

一、转变观念，做雅教之师

雅教育是一种教育规律本质的回归，是学校各种教育的综合体现。在学校里，教师开展工作面对的是充满朝气和活力、能不断自我发展的学生，从学生踏进校门的那一天起，教师就要开始培养他们良好的行为习惯。为什么呢？因为养成教育是学校开展一切工作的前提，是学校开展德育工作的基础，是对学生进行素质教育不可缺少的一个层面，对学生的成长有着长远的影响。除了帮助学生养成良好的行为习惯，对学生进行正确的教育、引导能使学生形成健康、积极向上的人生观，对每个学生的成长有着长远的影响。现在，全国上下在大力推进教育教学改革，要求教师转变育人观念、育人方式，切实提高育人

119

质量。学校也通过大小会议贯彻教改精神，结合本校情况，组织开展各种主题活动，指导与落实课程改革理念和改革总体要求。这是职责所在，也是时代需要，作为学校一线工作者的教师，应紧跟时代步伐、适应时代需要，及时更新教育观念、转变教学态度，坚持学习，充实、完善自我。正如陶行知先生说的："要学生做的事，教职员躬亲共做；要学生学的知识，教职员躬亲共学；要学生守的规则，教职员躬亲共守。"教师要先拥有雅言、雅行、雅思的正雅之质，形成品格、品质与品位融合一体的高雅风范，身正为范，为人师表，努力使自己成为雅教之师！

二、教育养成，学生向雅而生

科学合理的养成教育，包括思想品德、行为习惯、学习、生活等多个方面，既关注学生的道德修养，又注重学生文化知识学习，更注重学生的身心健康。一直以来，在升学的压力下，很多学校侧重于学生文化知识的学习，这种重智育轻德育的做法违背学生身心发展的规律，影响学生身心的健康发展。小学阶段是养成教育的关键期，抓住关键期对学生进行教育，可以收到事半功倍的效果。这个时期学生的行为习惯养成得好，也为他们以后的学习、成长打下良好的基础，具有重要意义。所以，养成教育必须从小学抓起，从小事抓起。除了学校，还要注重榜样和家庭的力量。

（一）日常养成训练的内容和要求

既然养成教育如此重要，那么应该如何实施呢？我们城南小学对学生的养成教育非常重视，结合本校学生实际情况，制定了详细的内容和要求，以及评比细则，使教师在对学生进行教育时有章可循、有据可依，并不茫然。俗话说："火车跑得快，全靠车头带。"在学校校长的带领下，政教处制定详细要求，查得细，抓得严，效果好。作为教师，我深感责任重大。如何对学生进行养成教育，落实学校对每个学生的日常要求呢？我首先认真学习学生日常养成教育的内容和要求，细读了学校的具体要求，用心理解，以期落实到位。开学时，我让学生学习学校的各项规章制度、常规检查的具体内容和要求，使学生清楚学校制定的这些日常规章制度具体要求自己做好哪些方面，怎样做才能达到学校的要求。

（二）落实日常的训练和监督

除了在班里带领学生学习学校的各项规章制度，使学生知道日常的行为规范具体有哪些内容、哪些要求外，更重要的是日常的训练、检查、落实，做好以上这些才能取得较好的效果，才能将养成教育落到实处。日常的训练、检查、落实是养成教育的重要途径，通过实践训练，可以使学生提高认识，增强情感体验，磨炼道德意志，培养良好行为，促进习惯养成。通过反复抓、抓反复，使其内化，进而表现为外在良好的行为习惯。特别是低年级的小学生，聪明活泼，可塑性强，能较快学习接受新事物，教师更要合理、正确地引导和训练，帮助他们尽快养成良好的行为习惯。

在一年级任教时，开学第一天，我首先对学生进行文明礼仪教育，对学生进行详细的文明礼仪指导：校服怎样穿戴整齐，校章怎样佩戴，出门前要检查仪容仪表，在学校里要保持仪容端庄，见到老师同学要主动问好……训练学生坐、站、走的姿势时，除了出示图片详细讲解，我让坐在前面姿势正确的学生给同学们做"坐"的示范，并教背口诀：头正、腰直、肩平、手正、足端。又亲自给学生示范标准的立正姿势，让学生直观感知清楚正确的站姿、坐姿，最终学生做出来的姿势动作标准规范、整齐一致。

对学生进行养成教育，帮助学生养成良好的行为习惯不是一天两天的事，除了使他们知道自己要做什么、应该怎么做，在接下来的日子里，我还要经常检查、督促学生做好，甚至到学期末，对个别松懈的学生还要再提醒，教育其做好。我通过这样日复一日的训练、检查、再训练、再检查，力求对每个学生的养成教育落到实处，尽量使每个学生成为具有良好风范的雅少年！

（三）发挥主体和家庭的教育作用

教育学生养成良好的行为习惯，除了教师的教育、指导、督促之外，还要充分发挥学生的自觉性和积极性，使他们将所学认同和内化为对自己的要求，并成为自己的奋斗目标。如果学生自觉去做，而且做好的话，这样的教育是最成功的了！在班里，我请小组长当小老师，树立榜样，起带头和示范作用，同时协助老师督促同学养成良好的行为习惯。平时，多以鼓励表扬为主，对做得好的同学奖励小红花；结合学校的活动，评选每周之星。良好的行为习惯也是期末评三好学生、优秀少先队员、"红棉爱心天使"优秀志愿者的重要依据，期末颁发奖状，以资鼓励。通过开展灵活多样的活动来调动学生的积极性，鼓励学生主动做好，形成自觉行为，在潜移默化中养成良好的行为习惯，争做具有良好风范的雅少年！

养成教育主要靠学生自己的努力，也离不开家庭的配合，特别是对于低年级的小学生，他们自我控制、自我监督的能力比较差，需要家校配合，需要老师家长的共同教育、督促来帮助他们养成良好的行为习惯。例如，班里有个别学生课间喜欢追逐玩耍，既违反学校纪律又存在安全隐患，我除了及时教育外，还及时告知家长，请家长在家里对孩子进行批评教育，使其认识到安全的重要性，从而规范自己的行为，静下心来学习。养成教育的工作如果做得好，还会形成良性循环，在班里形成良好的班风，促进班集体各项教育教学工作的顺利开展。

众所周知，教育学生需要爱心、耐心。坚持不懈抓好养成教育，抓出成效，能促进学生身心健康、全面发展，对他们的学习、成长等各个方面都会产生积极的影响。为此，作为教师，我们要争做雅教之师，应该不懈努力，教育、帮助学生养成良好的行为习惯，使学生向雅而生，有幸福美好的未来！

第四篇

春色满园关不住

——雅美评价

新课标背景下的各门课程教学，强调积极发挥评价的导向作用，把教师评价与学生的自我评价、生生相互评价相结合，实现评价主体的多元化与评价方式的多样性，让评价唤醒学生，激发学生的学习潜力，使教学与评价由应试指挥棒，慢慢转化为流淌不息的"素养发展清泉"。

教学评价是把尺子，教学成效的好坏，用教学评价作为衡量指标。教学评价发挥着检验、诊断、反馈、导向、调控等多个方面作用。它以教学目标为基础，贯穿于整个教学过程，旨在通过评价促进学生的学习，促进教师对教学的反思，实现师生的共同成长。

我校各学科教师在实践中摸索，在探究中完善，形成有效的雅美评价体系，实现师生雅的浸润。

心理学强调，在有心理安全感的氛围中，人的聪明才智更能被有效激发，个性特征更能充分展现。在课堂教学过程中，老师创设有安全感的环境，更能引领学生打破思维定式，碰撞出智力的火花。在课堂上，老师一个鼓励的眼神、一个点赞的动作、一句表扬的话语，有温度的批评、有针对性的督促、有启发性的争论、有商讨性的拒绝、多样性的安慰都是过程性的评价。这些过程性评价，春风化雨，润物无声。

学生是课堂评价主体之一。学生能否参与、积极投入，将直接影响到整个课堂的成败得失。教师要摒弃个别优生"包打天下"，大多数人在一旁陪读的情况。积极拓宽评价参与度，通过同桌互评、同伴交流、小组评价等生生互评方式，提高学生参与课堂评价的吸引力。教师对学生互评进行再评价，使学生主动内化评价标准、尺度，提高元认知，在评价中学会评价，看到自己和他人雅的闪光点。

在课堂教学中，教师应把对学生的评价融入所有课堂教学过程。例如，在语文学科，初读文章时，朗读的自我评价，学写生字时，书写的自我点评，阅读文章后，与同桌合作互评等，让学生在听、说、读、写等多维度开展评价训练，能评价自我，评价同学，甚至评价教师，并以此提高教学活动效果，让课堂呈现出一派生动活泼的全员参与的样貌。

教师的教学评价，引导着学生的学习方向，教师如何评价，左右着学生的学习。教师在课堂教学中，要创造平等、公开、公正的课堂评价氛围，引导学生学会评价。

在评价内容的选择上，难度适中，让学生跳一跳，够得到；在评价过程中，要培养学生会评价，全面、科学、准确地表达观点。在评论方法的选用方面，教师应指导学生多用正面的语言、赞赏的肢体语言等充实自己的评价，并表达自己对别人的认可与鼓励。

春色满园关不住，新课改的评价方式，就像催生的新叶，给教学带来了一股鲜活的力量。关注学科课堂，立足教学实践，在课堂的各个环节，发挥教师的有效评判精神、培养学生的独立判断能力，如此，我们的课堂教学，就能渗透出如音符般动态的美感，学生就会从这雅美课堂中得到更大的进步。

雅美评价提升小学数学教学质量的措施

广东省潮州市湘桥区城南小学　蔡泽

在小学教学中，教学雅美评价是提升教学质量的重要手段之一。然而，过去教学评价主要集中于考试成绩、测试成绩等单一指标，缺乏全面性和客观性，不能充分反映学生的综合能力和教学质量。因此，改进教学评价，提升小学教学质量成为当下亟须解决的问题。这就要求教师从评价目的、评价主体、评价方式和评价结果运用等方面进行改进，以更好地关注到学生数学学习过程，激励学生学习，从而提升教学质量。

一、明确雅美评价的目的，建立全面的评价指标体系

教学雅美评价的目的是激励学生在学习过程中更有效地获得数学基础知识、基本技能、基本思想和基本活动经验。因此，评价指标应该囊括多方面的内容，如学生学习兴趣、学习态度、学习习惯、知识技能等。

建立全面的雅美评价指标体系需要从教育目标出发，包括认知、情感、行为等多方面的内容，形成具有代表性和权威性的评价指标，反映学生的全面发展和教学质量的评估。具体包括以下几个方面内容。

1. 确定雅美评价指标

评价指标是评价体系的核心，需要综合考虑学科特点、学生需求以及教学目标等因素。比如，在小学数学教学中，评价指标可以包括知识掌握情况，运用所学的知识与方法发现、提出、分析和解决问题的能力，形成正确的学习态度，等等。

2. 确定雅美评价方式

评价方式需要根据评价指标的不同而有所调整。可以采用测试、分层作业、小组讨论、课堂表现、实践操作等方式来评价学生的学习情况。

3. 设计雅美评价流程

评价流程需要有条不紊，包括评价指标的选择、评价方式的确定、评价人员的安排、评价内容的分析和反馈等环节。流程需要透明、公正，确保每个学生都能获得公正的评价。

4. 建立雅美评价档案

评价档案是评价体系的重要组成部分，需要包含学生的基本信息、评价指标、评价方式、评价结果等内容。通过建立评价档案，可以更好地了解学生的学习情况，为教学提供可靠的依据。

5. 分析雅美评价结果

评价结果需要经过认真的分析和总结，以便发现问题和提出改进意见，为教学改进提供参考和指导。

建立全面的雅美评价体系需要教师和学校的共同努力，需要教师不断地反思和改进自己的教学方法和策略，也需要学校提供良好的评价环境和条件来支持教师的教学改进和评价工作。

二、教学雅美评价的主体必须多元化

为了能全面地了解学生的学习情况，提高评价的全面性和客观性，为教师提供更加科学的评价依据，教学雅美评价需要根据学生的特点和教学内容的特点来设计，形成多元化评价。传统上，教学评价主要由教师完成，这种单一的评价方式往往无法全面反映学生的学习情况。因此，应该鼓励学生参与教学评价。例如，在小学数学课堂上，可以采取小组讨论、个人作业和课堂互动等方式，让学生参与教学评价，以便更好地了解他们的学习情况。教师可以在"学习活动单"中加入"学习评价指标体系表"，让小组成员对每个人的学习表现情况进行实时评价。

学习雅美评价指标体系表

（ ）班第（ ）小组

小组成员	内容	书面作业	口头表达	实践操作	小组讨论	问卷检测	综合评价

在教学雅美评价中，教师应该充分考虑学生和家长的反馈和意见，以便更好地了解教学中存在的问题和难点。教师可以通过网络问卷调查、家长会等方式了解学生和家长的反馈和意见，收集学生的自我评价、同伴评价等数据，从而更好地评估教学质量。但要注意以下几点。

1. 老师的雅评价

教师需要对学生进行认真、全面的评价，包括知识掌握情况、思维能力、学习态度、团队合作等方面。同时，教师应该重视学生的自我评价，鼓励学生对自己的学习情况进行反思和总结。

2. 同学的雅评价

同学之间的评价可以让学生更好地了解自己的优势和不足，提高自我认知和自我管理能力。可以设置同桌互评、小组互评等，让学生在交流中互相学习，互相促进。

3. 家长的雅评价

家长可以对孩子的学习情况进行观察和评价，提供有益的建议和指导，帮助孩子更好地学习和成长。

三、教学雅美评价的方式多样化

教学雅美评价的方式需要多样化，包括定期测试、作业评价、观察记录等。这些方式需要根据不同的教学内容和教学目标进行选择和设计。

首先是定期测试评价。在数学教学中，教师可以采用课堂小测验对上一节新课的内容进行抽查，根据抽查结果对学生学习情况进行评价；也可以以周为单位进行知识点抽查；还可以以单元为单位进行单元知识点抽查评价。

其次是作业评价。作业可以根据学生的具体情况实行作业分级布置，一星级为必做类；二星级为选做类；三星级为学情类，学生根据自己的实际学情，增减所需要的练习，做到因材施教的同时，确保减负不减效。

最后是观察记录评价。预习新课可以帮助学生提前了解第二天所学的知识，提高第二天的听讲效率。教师可以在上新课时观察记录每个学生的预习情况，把它作为评价的一种指标。学生的动手创造能力也是另一种重要指标。例如，学习了《认识钟表》后，让学生制作一个钟面与家长玩"你说我拨"的游戏；学习了《米和厘米》之后，让学生估一估铅笔、课本、沙发、课桌等的长度，再用尺子量一量，让长度单位在学生头脑中形成表象；学习了分数乘法后，根据课本练习给出的书包质量是体重的几分之几的关系，计算、测量自己的书包是否超重；等等。

总之，教学雅美评价的主体多元化和教学评价的方式多样化是提升小学数学教学质量的重要措施。只有让学生从不同的角度来了解自己的学习情况，才能更好地激发他们的学习兴趣和动力，让他们在数学学科中取得更好的成绩。

四、雅美评价结果的运用

教学雅美评价的最终目的是更好地提高教学质量，因此评价结果的运用也是非常重要的。以下是一些利用教学评价结果的方法。

第一，教学雅美评价可以帮助教师了解学生的学习情况和表现，发现问题和提出改进意见，从而改进教学方法和策略，提高教学质量。例如，当教师在随堂测验中发现很多学生某一道题都出现了相同的错误，应反思上一节课教学时学生的课堂学习情况，找出出现问题的原因，及时调整教学策略。

第二，教学雅美评价可以帮助教师诊断学生的学习问题和需求，从而更好地帮助学生解决问题和提高学习成绩，促进学生自主学习。例如，很多学生在学习中总是出现题目会解答，但不会向别人解释为什么这样解答，一知半解的情况。也有一些学生总是不会将所学的知识运用到解决实际问题中。利用同桌互评、小组互评等方式，既可以促使学习有困难的学生将不懂的问题表达出来，也可以让学习比较好的学生自己厘清思路，表达自己的解题方法和分析观点，从而相互促进、相互提高。

第三，教学雅美评价可以帮助教师发现教学方法和策略的不足和问题，从而促进教学改革和创新。学生养成了预习的习惯，学会了口头表达自己的观点和思路，学会了大胆提出问题和自己心中的困惑，这样让老师能非常清晰地了解学生的学习情况，针对学生的困惑和疑虑及时改进自己的教学方法，调整教学策略，也可以根据学生的表达能力改革和创新自己的课堂教学模式，让学生真正成为课堂学习活动的主人。

综上所述，改进教学雅美评价可以促进教学方法的改革和创新，达到提升教学质量的目的，让学生在得到准确评价的同时，掌握适应现代生活以及开展进一步学习必备的基础知识、基本技术、基本思想和基本活动经验，激发学生学习数学的兴趣，使学生养成独立思考问题的习惯和合作交流的意愿，逐步形成适应终身发展需要的核心素养。

探索多元评价　构建雅美课堂

——基于语文核心素养的小学低段语文过程性评价的实践研究

广东省潮州市湘桥区城南小学　洪洁

语文核心素养是当下语文教学的目标导向与价值追求。语文核心素养包括四部分：语言建构与运用、思维发展与提升、审美鉴赏与创造、文化传承与理解。

过程性评价是对学生课内外学习日常性表现的评价，就是对学生学习行为和结果进行的价值判断或认定。过程性评价在教学中有重要作用，影响学生发展，也是学生非常在意的方面，在教学中运用得巧妙能事半功倍。

一、预习环节：前置图表式评价

精心设计的评价表格是一种工具手段，具有提供评价标准与记录一手材料的功能。它使过程性评价成为一种仪式感满满的学生自我评价、同学互评的过程，对于量化学生的评价行为，提供学生自我评价和同学互评的气氛，为帮助学生学会评价做铺垫。

低年级小学生的认知浅，当学生自评、同学互评时，需要有评价标准，学生再参考标准对自己和他人进行评价。评价设计先于教学活动设计，前置图表式评价像一个个尺子，能很好地发挥作用。

课前图表式评价以预习单为主。我设计的低年级语文预习单，一般分为三个方面。①基础性任务。包括对会认的生字进行拼读，把生字放回课文，熟读课文。会写的生字，正确书写，并找出自己认为最容易写错的字，再写一次。②探究性任务。就是对课文的初步感知。给课文分段、理解课文内容，说说自已认为读懂的内容，写出自己不懂的问题，等等。③资料袋。需要收集的资料或要积累的字词。

来到课堂后，这张预习单就是学生自评、同学互评的标准。同桌、小组都可以进行互评。例如，学习二年级上册识字第一课《场景歌》时，有的同学认为"领土"的"领"最难写，也有的同学认为"国旗"的"旗"最难写。是否难写，我们并不是一定要争个高低，而是要摸清孩子预习的情况，既然有学生认为这两个字难写，那就具体详细地在课堂上教授这两个字的写法，以学定教，清楚学生现有水平在哪儿。

预习单也反映出学生在预习当中是否进行了有效的学习。同学根据教师给的标准进行评价，如下就是我在《坐井观天》中设计的预学单。课文读中感悟方面：一星，认真倾听。二星，积极发言。三星，上台表演。一段时间后，在大家互相的评价当中，学生自然明白其中的各项要求，明白要去哪里，会尽量朝那儿努力。

课题	坐井观天	时间建议（10～15分钟）	多元评价
预学基础性任务第一课时	朗读课文	课文共有（　　）个自然段，我共读了（　　）遍，我（能　还不能）正确、流利地朗读课文	【家长评价】 正确☆ 流利☆ 有感情☆
	预习字词	1.我能读准这些词语，还能给加点字注音 井沿（　　）　回答　口渴（　　）　喝（　　）水 大话　弄错　无边无际　哪儿　一抬头 2. 我发现了"哪"字的不同读音 "你从哪儿来呀？"这句话中的"哪"读（　　） "天无边无际，大得很哪！"这句话中的"哪"读（　　）	【小组评价】 内容正确☆ 书写工整☆
	内容感知	1.青蛙和小鸟在争论一件什么事？ 青蛙和小鸟正在争论＿＿＿＿＿＿＿＿＿＿ 2.请找出青蛙和小鸟之间的三次对话，并读一读	【自我评价】 回答正确☆ 声音响亮☆
	资料收集	收集与寓言有关的四字词语： （　　　　）（　　　　） （　　　　）（　　　　）	【同桌评价】 积累小达人☆

课题	坐井观天	时间建议（10～15分钟）	多元评价
探究性任务 第二课时	读中质疑	比一比哪个小朋友最会读书，能提出最有价值的问题	【教师评价】 善于思考☆ 乐于分享☆
	读中感悟	（一）自由朗读第1自然段 思考：青蛙和小鸟是在什么地方争论问题的？ （二）学习第一次对话 1.互读：评一评谁读得好。 2.理解："一百多里"是什么意思？ 3.思考：飞了这么远，小鸟有什么想说的？ （三）学习第二次对话 1.挑战读：比一比谁读得好。 2.比较句子： 天不过井口那么大，还用飞那么远吗？ 天不过井口那么大，不用飞那么远。 3.你知道"大话"和"无边无际"的意思吗？ （四）学习第三次对话 1.用自己喜欢的方式朗读对话。 2.青蛙和小鸟到底谁对谁错呢？ 3.你是喜欢青蛙还是小鸟？为什么？	【自我评价】 认真倾听☆ 积极发言☆ 上台表演☆

1.自评：经过努力，学完《坐井观天》一课，我一共获得了（　　　）☆
2.师评：祝贺你获得了"语文积极分子"称号_____（5～10颗星获得者）
　　　祝贺你获得了"语文小博士"称号_____（10颗星以上）

二、课中环节：融入语言式评价

课堂上，老师对学生多采用语言激励式的评价，能丰富学生的言语体验和精神感受。有效的言语式评价，可为核心素养的落实提供养分。

在二年级下册第21课《青蛙卖泥塘》的学习中，课文出现青蛙吆喝"卖泥塘"一句话。我问学生："谁来读一读？"这时，小陈站起来，小声地吆喝了一声。我又问："你有没有去过菜市场或者听过卖东西吆喝的声音？"他说去过。我请他也学着试着吆喝吆喝。这位同学再读了一声，也只是稍微大声了一点。于是，我评价："你的勇气可嘉！敢第一个尝试。但是，你的吆喝声太小了。我来试一试，你听听怎么样。"我一声吆喝，同学们瞬间醒悟过来。"你愿意再试试吗？"我再问。小陈点点头，又试了一次。这一次，声音洪亮，非常到位。我适时鼓励道："太棒了！声音响亮，而且拉长了声音，很有味道。"这以后，小陈的朗读热情异常高涨，我也总是给予鼓励性评价，小陈的朗读能力提高很快。教师不断地给予肯定，正面强化，学生就能不断进步。

三、课后环节：研判综合性评价

家庭是学生的第二个课堂，在小学低段学生的学习过程当中，家长的评价也是重要的一环。可以设置由家长、学生、老师三位一体进行研判的综合评价方法，可以以视频、图片、卡片等作品的方式来呈现。

例如，一年级上册语文课本中的《青蛙写诗》，这一首诗歌，读起来朗朗上口。课后，我布置的家庭作业是回家把诗歌朗读给爸爸妈妈听。也可以把诗歌的内容画下来，还可以根据一个场景，仿照课文写一首诗歌。这三项作业呈梯度进行，由学生自由选择。

根据不同的作业，家长会给出不同的评价。根据学生的作业、家长的评价，老师再给出综合性的评价。例如，班里有一个学生，妈妈做饭的时候，让他在旁边朗读。当他朗读完之后，因为刚刚看到妈妈做饭的情景，他很有想法，写出了一段小诗歌：

妈妈下班了，厨房开始写诗啦！

盘里的菜脯丁说："我能当个小逗号。"

汤里的牛肉丸说："我能当个小句号。"

厨房的诗写成了："叮叮，当当。叮叮当，叮叮当。"

这作业简直太棒了！妈妈发来作业时，家长评一项给了满分。我也给了满分，外加一个大大的赞，还让他把诗读给大家听，我评价道："你不仅认真、高效地完成了老师的朗读作业，更能细心观察、乐于创作，真是一个'写诗小达人'！"家校联动给出的评价，大大增强了学生的信心。

核心素养下的小学语文过程性评价，需要语文教师以多样化的评价方法对学生核心素养的培养进行有效引导，让语文学习充满趣味，让学生在语文学习中体验到更多的趣味性、成就感，激发学生热爱语文，主动学习语文，不断夯实语文素养，全面发展。

参考文献

任艳.小学语文阅读课堂教学评价的改进策略［J］.新课程，2021（3）：211.

（本文参加2022年教育教学科研论文评比活动获湘桥区一等奖、潮州市三等奖）

阶梯识字助阅读　雅美评价促成长

——以统编教材小学语文一年级下册第三单元整体教学设计为例

广东省潮州市湘桥区城南小学　陈培君

　　识字是语文学习的基础，在小学一年级开始让学生初步学会自主识字，掌握一定比例的字词是极其重要和必要的。教会学生自主识字最关键的一点不是看教师到底教了多少生字，而是得看学生实际掌握了多少生字，因此，只有提高学生自主识字的能力，借助多元评价给予学生正向的支撑，他们的字词储备水平才能在以后的日积月累中得以不断提高，为快乐阅读和写话写作打好基础。下面，我以统编教材小学语文一年级下册第三单元整体教学设计为例，浅谈如何在低年段进行识字、写字教学，以及如何有效地进行教学评价。

一、聚焦单元学习主题和语文要素

　　统编教材小学语文一年级下册第三单元以"伙伴"为主题，围绕这个主题，编排了《小公鸡和小鸭子》《树和喜鹊》《怎么都快乐》三篇课文。课文把生活中常见的伙伴之间的相处，通过生动的故事情境和朗朗上口的诗歌语言加以展现，从不同角度表达了伙伴之间的情谊。本单元的语文要素是"练习读好角色对话，引导学生通过朗读体会加上描述动作情状的词语使句子更生动，联系上下文了解词语的意思，积累并运用词语"。

二、明晰单元整体教学思路

　　立足本单元学习主题和语文要素，结合学生的年龄特点和知识水平，明晰本单元整体教学思路，即寓识于读，坚持阶梯式识字、写字教学，以识促读；

135

借助情境法，结合课文插图进行角色朗读，从而读好对话；运用联系上下文、对比句子的不同等方法，进行学法迁移，揣摩人物心理，了解词语意思，积累词语；引导学生说出自己的请求，培养交际兴趣。

《胖乎乎的小手》一文讲了兰兰用自己的小手帮助家人的故事，可以训练学生分角色读好人物的对话。其人文主题和语文要素都与《小公鸡和小鸭子》这篇课文相契合，可将两篇文章进行整合。《赠汪伦》是一首送别诗，体现了李白与汪伦间的情谊，训练学生运用联系上下文的方法理解词语，这一语文要素与《树和喜鹊》这篇课文相契合，可将两篇文章进行整合。

课时	课型	内容
3课时	学教评	《小公鸡和小鸭子》+"和大人一起读"
		《树和喜鹊》+园地三"日积月累"《赠汪伦》
		《怎么都快乐》+单元知识训练点
2课时	整合写字	归类学习
2课时	口语交际	请你帮个忙
1课时	单元整理	运用音序查字法查字典
2课时	组文阅读	"快乐读书吧"之《读读童谣和儿歌》

三、确立识字、写字教学策略与教学模式

（一）识字、写字教学策略

在本单元的整个教学过程中，教师要正确处理好识字、阅读和写字三者之间的关系，要循序渐进，坚持阶梯式识字教学，做到：①寓识于读，即把学生识字活动寓于反复诵读有关课文词句的过程中；②以识促读，即把识字与阅读紧密结合，多形式阅读"快乐读书吧"推荐书籍和课外读物，如师生共读、亲子阅读、自主阅读等；③识写结合，即把孩子识字与写字有机结合，识什么就练写什么，以练字促进识字，以练字夯实识字。

（二）识字、写字教学模式

根据单元教学目标和课时安排，结合识字、写字教学策略，对本单元的生字按字音、字形、字义进行归类整理，确定识字、写字教学模式，主要由以下

四个步骤构成。

步骤一：初读课文，随文识字

步骤二：细读课文，随文解字　识字写字四步法　步骤三：阅读拓展，自主识字

步骤四：归类整合，落实写字

比如，教学《树和喜鹊》这篇课文中"快乐"这个词语。

步骤一：先让学生初读课文，认识"快""乐"这两个生字，正音、识形。

步骤二：让学生细读课文，联系上下文，把"快乐"放在课文的句子中理解该词语的意思，做到"字不离词，词不离句"，不做脱离课本具体内容的、孤立的识字。

步骤三：在拓展阅读《新同桌》中再现"快乐"这个词语，同时达到拓展词汇的目的。

步骤四：指导学生正确书写"快""乐"这两个生字，及时反馈和点评。

四、多方联动，雅美评价

对待一名学生，他的终身学习过程不应只看他自身是否系统地掌握学习了相关的知识，更为关键的是要在看他在其学习的过程中所持的态度和所用的办法。在教学实践中，我们除了把对学生的评价融入所有课堂教学过程，还努力打破传统单一的结论性教学评价，将描述性评价方法和激励性评价手段相结合，由以教师为主体的单一评价主体模式转向由以自我评价为主，结合教师评价、团队评价和家长评价的综合评价模式转变，实现评价主体的多元化与评价方式的多样性，形成有效的雅美评价体系，积极发挥评价的导向作用。

1. 自我评价

自我发展评价体系可以让学生对自己整个学习成长过程及未来应如何发展

等进行较为系统清晰的全面思考，真正实现自我评价系统的积极激励作用。

2. 教师评价

教师主要从学生的学习态度、实践能力和发展潜力对学生做出描述性评价或激励性评价。

3. 团队评价

团队评价可以帮助提高学生群体的交流合作创新意识，也可以直接检验学生是否能真实客观地进行自我成长评价。

4. 家长评价

与孩子一起整理成长档案袋，记录孩子的成长足迹，鼓励、促进孩子持续发展。

例如，在整合写字课上，我特别重视学生之间的客观反馈和书写评价，引导学生重点评价结构和笔画，教会每名学生先夸夸他哪个笔画写得好，再来给他提些小建议，帮助其他同学把自己的字写得更漂亮。只有通过这种不断深入的反复发现练习和自我修正训练的规范书写活动模式，才能有效地、逐步地提高学生的汉字书写能力，同时，极大提升学生对汉字文化的审美能力。

又如，在教学口语交际课《请你帮个忙》时，我巧妙地创设情境，通过同桌合作和搭档合作，让每名同学都得到口语锻炼的机会，通过师评生、生评师、生生互评、团队点评、师生共评、学生自我评价、家长评价等多元评价，以评促教，以评促学。

（1）自我评价表

瞧瞧我多棒	
认真倾听	☆
积极发言	☆
声音响亮	☆
上台表演	☆
加分：表情、动作、语气	☆
我给自己打☆☆☆☆☆	

（2）团队评价表

瞧瞧他多棒	
声音响亮	☆
把困难讲清楚	☆
能用上礼貌用语	☆
正视对方眼睛，态度诚恳	☆
加分：表情、动作、语气	☆
我们给他打☆☆☆☆☆	

总之，要做到寓识于读，以识促读，识写结合，雅美评价。从自主识字到快乐阅读是一个循序渐进的过程，更是我们学校雅课堂学教评的一种理念。学生的识字与阅读主要有赖于教师在引导学生识字与阅读时方法的科学性和形式的多样化，只有教师为学生主动识字和快乐阅读提供空间和时间，才能真正提高学生识字和阅读的有效性和持久性，从而真正提高学生的语文素养。

参考文献

温儒敏，陈先云.义务教育教科书教师教学用书语文一年级下册［M］.北京：人民教育出版社，2017.

用雅美评价　建雅致课堂

广东省潮州市湘桥区城南小学　张纯

一、雅美课堂评价存在的必要性

新课标实施以来，课堂评价发生了很大的变化：教师的评价观念、评价标准、评价方式，从传统的以教师为主体的模式逐步实现向"以学生发展为本"转化，实现了教学改革的良性发展，真正体现了"以学定教"的教学理念。有效的雅美课堂教学评价，可以促进学生的学习，改进教师的教学，从而全面落实语文课程目标。

而从学生身心发展的角度来说，课堂评价的存在对学生的学习尤为重要：小学生正处于自身发展的初级阶段，心智尚不成熟，自我意识还比较淡薄，不能客观地认识自己，难以对自我做出正确评价。在校学生在教师的指导下认识客观世界，并改造主观世界。教师丰富的知识储备和小学生强烈的向师性，使教师对他们的评价极其重要，更影响着他们的自我评价。相关调查数据显示，77%的学生认为教师的课堂评价语言会对其学习和生活产生很大或者较大的影响。如果课堂评价随意，那么会使语文教学大打折扣。所以，课堂评价的存在对于语文教学尤为必要。

二、小学语文课堂教学评价普遍存在的问题

"我们为什么而评价？"面对这一问题，也许不少教师一头雾水，仅仅是为了评价而评价。课堂评价功能的缺失主要是教师没有认识到评价的重要性，没有将新课程理念落实到课堂中。当前的课堂评价普遍存在以下几个问题。

（一）评价内容倚重知识层面

传统的教学评价基本以分数为中心，致使部分教师对学生的评价更多地关注学生对知识的掌握，而对于学生在学习过程中所表现出来的语言运用能力、思维能力、审美情趣、合作意识等方面的评价不够重视。

（二）评价语言模糊、枯燥

口头评价作为课堂上师生互动直接的方式之一，也是目前课堂评价最主要的方式。在过去的课堂上，教师对学生行为的评价很多时候都是一句不假思索、脱口而出的"很好""真好""真了不起""你真棒"……教师所给出的这样单调、模糊、未加思考的课堂评价显得贫乏枯燥，缺少针对性和启发性。这样不仅会遏制学生的表达欲，也会浇灭他们的学习热情，阻碍他们的思维发展。

（三）评价方式单一

部分教师缺少现代评价思想，仅仅停留在"师对生"的单方面评价，没有学生对学习的自我监控，没有学习伙伴之间的评价交流，没有学生对教师的反馈评价。这样的课堂缺乏师生的平等对话及双向互动。

随着新课程理念的日益深入，教师也日益感到评价的重要，正努力走出传统的为评价而评价的怪圈，巧妙运用评价，发挥评价本身的作用，特别是语文教学中的课堂评价，从而使评价为课堂添彩。那么，小学语文教学应该如何进行有效的课堂评价呢？

三、小学语文课堂教学中有效的积极评价

语文课程标准指出，注重评价主体的多元与互动，充分发挥多元评价主体的积极作用。那么，在课堂教学中如何合理地运用积极的评价手段呢？结合日常的教学实践与探索，笔者认为可以从以下几点着手分析。

（一）因材施"评"

语文课程标准要求，对语文学习的评价要关注学生的学习成果，更要关注学生学习的过程。教育不比产品生产，可以有一个模子来复制，教育多数时候是"以生为本"，尊重学生的天赋自由和不同独特性。所以，在教育活动过程中，课堂评价环节也必须有差异性存在，实行"因材施评"，鼓励学生各自发展。"评"影响"教"，好的因材施"评"能发挥杠杆作用，撬动小学语文教

学的上升。

1. 对象不同，评不同

每个学生个体在学习兴趣、学习能力和学习基础等方面都存在差异，他们所表现出来的学习方式和学习成果也是不一样的。因此，对学生的评价要根据其不同的年龄、类型特点等多方面来进行，为不同年段学生和不同学习内容选择恰当的评价方式。

也就是说，评价学生的标准除了传统的一些评价标准之外，还应该多一把"过程之尺"。例如，在口语交际课的教学中，不同年段评价的侧重点不同。低年段应关注学生是否能认真听别人说话，能否复述主要内容；中年段应关注学生是否能说出一段完整的话，故事讲解是否绘声绘色；高年段则注重是否能提出自己的观点进行有效辩论，并且有理有据，条理清晰。

2. 形式不同，评不同

过去的课堂局限于教师对学生的评价，新课程理念下的评价模式则更多注重让学生开展自评与互评。课堂中要充分发挥学生的主体作用，唤起学生的主体意识，进而开展生动的自我评价和互相评价，以此调动学生积极参与评价，引导学生认识自我、剖析自我、反思自我，以促进成长。

其中，现代教学理论认为，自我评价能消除被评者本身的对立情绪和疑虑。在教学中，我有意识地注重让学生评价自己的课堂表现。例如，在教学《为中华之崛起而读书》一课，指导学生朗读时，笔者是这样倡导学生自主评价的。当读到"围观的中国人都紧握着拳头，但这是在外国人的租界里，谁又敢怎么样呢"这一句，笔者问："谁有把握读好这一句？"有位学生攥着拳头，重读了"紧握"这两个字，他读得很认真，神情沉重。笔者并没有立刻发表意见："请你评价一下自己读得怎样！"笔者尝试这样引导着，学生于是开始评价起来："我把'紧握'这两个字加重了语气，把围观群众的愤怒读出来了。""真好，你的体会很深刻！"让学生当自己的评委，真正领悟"棒"在哪儿、"好"在哪儿，这样能让每位参与者都体验到成功的喜悦，感受到学习的快乐。

在日常的教学中，在课文朗读、口语交际、修改习作等不同的课型过程，教师都应指导学生对自己的表现做出客观的判断，找出自己的优点和不足，并鼓励学生多做自我比较、自我反思，以达到自我发展的效果。

　　而在学生自评的过程中，学生往往无法进行全面、深刻的自我剖析，那么，学习伙伴之间的互评就起到一个很重要的补充完善的作用。

　　互评过程所产生的生生互动关系，是建立良好课堂关系的有效手段之一，它能增强学生的集体荣誉感和归属感。在教学中，我倡导同学之间互相评价，让评价成为课堂组织的亮点。

　　譬如在口语交际课、综合性合作学习课中，发言的同学个个劲头十足，各抒己见，展示才华，将课堂的气氛推向最高处，能得到其他同学真诚赞赏或指正，将会给学生带来前进的动力。此时在学生自评之后，开展同桌互评、小组评议，使学生相互补充、相互促进，真正将互评的目标落地，在互评中求进步、求发展。

　　除此之外，教师还可设计"自我评价表""小组评议表"等，从课堂的参与状态、参与程度、参与效果等方面让学生对自己或组员进行客观的评价。

　　落到实处的评价，才能让学生对自己的学习真正负责，真正成为学习的主人。

（二）评中有"雅"，以"雅"促评

　　有的课堂总能让人感觉到一种莫名的吸引力，而且这样的课堂让人感受到一种雅致的氛围感，那就是学生都积极主动地参与课堂教学活动，而老师的一言一语、一举一动都亲切随和，毫无"距离感"。如何形成这种"雅性"课堂，更多是源于教师能创新丰富课堂形式，善于运用生动丰富、诙谐幽默而又独特创新的课堂评价语言。

1. 评价语言的亲切性和幽默感

　　"感人心者，莫先乎情。"很多教师在课前都会以一种轻松的氛围感代入，会找一些轻松的话题先和学生聊聊，并适度提问，引导学生敞开交流，这样就能为课堂开个好头，这其中，教师语言的亲切性就显得尤为重要。

　　当学生开始愿意回答问题的时候，教师要以亲切的态度，多赞赏和鼓励学生，以调动学生的学习兴趣。同样是表扬，但是满怀热情、充满关爱的肯定能让学生从内心真正感受到这份赞赏。学生有了被尊重的喜悦，才能更轻松、更专注、全身心地投入学习。当学生回答错误时，教师有时要"睁只眼闭只眼"，甚至应用亲切的态度将学生的错误表达成"美丽的错误"。"很接近了，但还可以再想想，有什么要补充的吗？"教师以这样的一种表达方式，委婉地告诉学生错了，先肯定了学生主动思考的积极性，同时提示学生需要再进一步改正、优化答案。教师如此真诚地表达自己的评价，让学生乐于接受，也愿意发表自己的看法，更加积极地深入参与课堂。

"教育家最主要的，也是第一位的助手是幽默。"当面对课堂沉闷的局面时，教师要适度用风趣幽默的语言来调节，打破僵局，营造轻松、愉悦的课堂氛围。

有的时候，一句具有幽默感的评价能使"一潭静水"的课堂激起涟漪，使课堂妙趣横生，使教师有效掌控课堂教学。教师善于运用幽默、诙谐的评价，不仅调动了学生学习的积极性，促进他们思维的敏捷和灵活，也让学生在获得知识的同时收获了乐趣。

2. 评价语言的启发性

"教学艺术的本质不在于传授，而在于启发、唤醒和鼓舞。"语言是一种艺术，课堂上教师即时的评价语言更是如此，因此，教师语言还须注重方法艺术。一句来自教师的启迪性评价，往往能让学生增强自信心，获得一种强大的动力，体验克服困难的精神满足感。

例如，教学《蝴蝶的家》这一课。作者写道，至今也没能找到蝴蝶的家在哪儿。班上爱动脑筋的学生向笔者提问："老师，燕子的家是到底在哪儿呢？"笔者进行了即时评价："你的问题很有价值，能在阅读时及时提出疑惑，说明你认真思考了，你能跟我们分享你的看法吗？"笔者尝试用这样的评价点拨学生形成一种意识，尽管是略读，阅读课文时也要进行同步思考，从而培养他们养成阅读时思考的好习惯，启迪学生思维。

3. 体态语言评价的独特性

在重视语言性评价的同时，非语言性评价也起到一定的辅助作用。课堂上教师一个满意的微笑、一个赞许的目光、一个点赞的大拇指，这些发自内心的"无声"的肢体语言，会更好地拉近师生之间的距离。

当学生回答得生动又准确，向教师投来等待被肯定的信号的时候，教师可以竖起大拇指给予回应和鼓励；当学生走神心不在焉的时候，教师可以轻轻走到他的旁边，轻拍他的肩膀以示提醒；当学生神情专注自觉听课时，教师可以向他肯定地点点头，投送一个真诚的微笑……

将这一个小小的无声举动，与有声语言进行灵活的结合运用，能让教师的关爱表达得更加淋漓尽致,让关爱真正走进学生的内心,也能让课堂收到意想不到的效果。

四、结语

笔者认为完美的语文课堂是超越知识交流的本身,让师生间有心与心的交流。小学阶段的语文课堂评价,对于学生的整体发展来说影响深远。良好的课堂评价不仅能激发学生的学习热情,让学生培养学科自信,夯实基础,还能促进学生其他方面"向雅"发展。

课堂评价是教师的一个灵活工具,需要教师在许许多多的教学实例中"找不同""找相同",不断反思、钻研,激励学生挖掘和汲取语文学科知识和思想的意愿,让学生能从被动到主动,能勇敢面对知识的海洋,乘风破浪,向雅而生。

参考文献

晋桔.小学语文课堂教师评价语言研究[D].成都:四川师范大学,2013.

试论在雅美课堂"学教评"理念下
如何优化小学语文教学评价工作

广东省潮州市湘桥区城南小学　王煜曼

在"学教评"理念下，评价不仅能够反映语文教学内容的整体情况，还能够指导学生发掘自己的问题并激励他们持续努力学习语文。特别是在当今新教育理念和政策推动下，建立一个完善的评价体系对于提高小学语文课堂的品质十分重要。因此，身为小学的语文教师，我们应该更加注重在这种情况下，通过评价来提升"学教评"的成效，并为创造一个更有效率的小学语文课堂做出贡献。

一、雅美课堂加强即时评价与发展评价的融合

在"学教评"理念指引下的小学语文课堂上，教师通常会采取积极的评价方式，但是这种方式往往缺乏针对性，使课堂即时评价的成效不佳。因此，教师应该注意在使用课堂即时评价时，不仅要给予鼓励和赞美，还应该依据学生的个体差异来选择恰当的评价方式。对于语文学科来说，教师应该给予优秀学生更多的支持，并给予他们一些改进建议，推动他们发展；而对于那些还有潜力的学生，教师应该采取激励性的课堂评估方法，帮助他们增强学习语文的信心，并培养语文的兴致，促进他们发展。在这样的评价过程中，即时评价与发展评价就融合在了一起。例如，在讲解小学语文部编版《腊八粥》这节课的时候，在课堂中，教师应该以全面的、发展的眼光来看待学生，并采用多种评价方式来促进他们的全面发展。作为一名教师，我们应该更多地扮演引导者的角

色，而不是掌控整个课堂。在教学过程中，首先可以多用启发性问题来鼓励学生自主探究问题的答案，当他们的答案与教师预设的答案有所出入时，还要采用更加灵活的方式来引导他们，如直接纠正或者疑问启发式的指导，这样可以更好地帮助学生理解知识。此外，教师在对学生进行即时评价时，可以不仅局限于简单的词汇，而是可以在这些基础上加入一些发展性评价的语言，如此一来，就可以让学生进一步发挥自己的能力。总之通过结合即时评价和发展性评价的语言能够更有效地激励和指导学生的学习。在"学教评"理念下的语文课堂教学中，这两者是不可或缺的。

二、雅美课堂评价过程中要维护学生自尊心

在小学阶段，学生的思维比较灵活，并且他们有强烈的自尊心。因此，在"学教评"理念下，教师开展评价时应该理解并保护同学们的自尊心。心理学研究表明，人人都希望得到他人的赞赏，越是受到认可和肯定的学生，他们的学习能动性就越高。所以，针对那些内向、胆小、学业上存在一定困难的学生，教师应该更加重视保护他们的自尊心，应当根据他们的学习表现给予诊断性的鼓励评价，继而激发这部分同学的学习能动性，让"学教评"理念在语文课堂上更好地展现出效用。例如，讲解小学语文部编版《北京的春节》这节课的时候，教师邀请到一位性格沉默寡言的同学进行朗读，只见他缓缓站起，脸色苍白，此时教师发现他手中拿着课本，身体由于紧张而有些微微发抖。虽然这位同学未能完全做好准备，但教师仍然采取了一种更加积极的态度来评价他，对他说："我看你还需要更多的努力，老师期待你下一次的表现，相信到时候你一定会做好准备，并且高质量地完成朗读。"教师通过这种鼓舞性的评价，让这位同学感到自信，在潜移默化中自我激励，最终在下一节课上顺利朗读出课文，并且得到教师和同学的认可，从而增强信心，克服了胆怯。这样既维护了学生的自尊心，又对其进行了正确的评价，发挥了课堂评价的积极意义。

三、雅美课堂遵循以生为本的原则进行评价

在小学阶段，语文课程具有独特的个性化，虽然小学生尚未完全成长，但他们的人格和尊严已经得到发展，并且具备了一定的独立思考能力。因此，在

"学教评"理念下教授语文课程时，教师的评价应该坚持以人为本的原则，并建立一套科学的评估机制，对学生的表现进行客观评价，让他们明确自己的学习目标，这样才能更好地了解他们的表现，并且进一步指导他们的语文学习行为。例如，评价应该反映学生的真实表现，避免受主观因素或个人情感干扰，这样就可以确保评价的客观公正，并且始终围绕着学生的需求来进行。此外，教师还应该把定性分析和定量分析相结合，从而提高评价的准确度，通常来说，在小学语文教学中，评价的重点应放在对学生的发展和成长的关注上，这两个因素之间有着密切的关系。通过对学生的全面考查和评估，我们能够更好地指导他们的成长。在此过程中应当坚持以人为本的原则，并使用多种方法，更准确、更客观地评价学生。

总而言之，随着素质教育和小学语文新课程改革的深入实施，教师也越来越重视学生的主体位置，所以在"学教评"理念下，采取有效评价措施来增强学生学习成效已经成为一种普遍做法。然而，尽管广大教师已经开展了一系列的探索，但仍存在许多挑战，如评价的内容模糊、技巧的欠缺、思维的落后等，而且由于班级人数较多、教师精力分散，一些问题难以得到处理。因此，本文深入探讨了"学教评"理念下小学语文课堂评价的实际运用，并提出了几点可行的改善方案，以期达到促进语文课堂教学品质提升的目的。

参考文献

[1] 黄文峰. "教学评一体化"理念下小学语文阶段性评价的诊学探索 [J]. 小学语文，2023，216（2）：70-76.

[2] 赵婉婷. "学评单"：让小学语文的教、学、评走向纵深 [J]. 语文世界（教师之窗），2023，869（2）：77-78.

[3] 包冬英. 小学语文阅读教学评一体化设计与实践 [J]. 福建教育学院学报，2022，23（12）：75-76.

[4] 廖珍芝. "双减"政策下小学语文"教、学、评"三位一体教学法探究 [J]. 教师，2022，513（30）：27-29.

发挥教学评价功能　助力构建向雅课堂

——以四年级下册道法课《我们当地的风俗》为例

广东省潮州市湘桥区城南小学　林以烁

《义务教育道德与法治课程标准（2022年版）》提出："评价是检验、提升教学质量的重要方式和手段。要充分发挥评价的诊断、激励和改善功能，促进学生发展和改进教师教学。"该论断向我们简明扼要地强调了"评价"在我们课堂的教与学中的重要性。落实教学评价策略是不可忽视也不容忽视的。要建设好"雅"课堂，培育"雅"少年，我们就要积极做好道法课堂的教学评价，让良好的教学评价在"雅"课堂中生根发芽，在"雅"少年心中开花结果。

传统的"填鸭式"教学，教师由于缺乏对学生自我主观能动性的发掘与调动，会造成死气沉沉、萎靡不振的不良课堂反应和不雅课堂生态。

教师的教需要学生的反馈，学生的学更需要教师的反馈。教师与学生之间、教学与学习之间能够进行良性的互动反馈，将极大改善师生之间的关系，有利于营造良好的积极的雅美课堂氛围，更好地助力学生学好道法课、爱上道法课，从而培筑正确、科学的"三观"，更加阳光健康地成长，并成功构筑向雅而生的有活力的有张力的雅美课堂。

青少年阶段是人生的拔节孕穗期，"人生的扣子从一开始就要扣好"。道德与法治课是一门培养学生正确世界观、人生观和价值观的思政课，是一门与学生讲道理，让学生学道理，让学生知法律懂法律的大课程。道法课的理论性较强，教师讲好上好这一门一向被学生认为"枯燥"的课程是困难的，而且我们的教学对象还是那心智如一张白纸一样的正在开发中或待开发的小学生们，这更是难上加难。

笔者认为，要想上好道法课这一门能够"培根铸魂""立德树人"的大课程，就要在日常的课堂教学环节中，正确认识教学评价在教学设计上、在课堂教学中的重要性。《义务教育道德与法治课程标准（2022年版）》提出："（评价）贯穿道德与法制课程学习的全过程和教学的各个环节……"作为道法课教师，我们必须能够充分认识好、设计好、运用好课堂雅美评价，让"雅"课堂"雅"出特色，让学生们爱上"雅"课堂，成长为新时代的"雅"少年。

一、明确定义，把准目标，激发兴趣

教学评价是指参照教学设计时所给定的教学目标，通过科学的、可测量的、可操作的标准和手段，对教学活动中的表现及其生成的结果进行测量和价值判断的过程。也就是说，教学评价的首要依据便是教学目标的落实。教学评价的设计依据来源于我们教学目标的确定，教学目标的确定也推动着教学前、教学中、教学后的评价的设定。两者之间可以说是相辅相成的。

因此，在《我们当地的风俗》这一课的教学设计中，在确定教学目标时，结合第二学段学生的年龄特征、心理特点，以及四年级学生已有的知识储备，基于落实核心素养的培育任务，笔者把本课的教学目标确定为：①了解家乡潮州的文化风俗以及这些风俗的由来和意蕴；②通过对潮州文化、风俗的了解和探寻，培养学生的观察能力、表达能力和合作能力；③通过弘扬中国传统文化，培养学生的民族自豪感和自信心，提高学生传承文化的自觉性和责任感，增强和激发学生爱国主义情感和爱国主义情怀。

教学目标立足于核心素养的培养，聚焦潮州当地雅美文化特色与民俗风俗的丰富多彩。带有区域特色的教学目标对于潮州当地的学生而言，其可接受性远远大于其他的文化概念和教学目标。其可操作性也更加突出，从而让学生真真切切地感受到雅美风俗确实在"身边"。学习的内容和目标都与学生周边的生活息息相关，学生如何不能够获得学习的兴趣和动力呢？因此，设计好能够激发兴趣的、可操作的教学目标，对于我们设计好课堂教学评价的策略、标准将会有事半功倍的效果。

二、发挥评价功能，营造良好课堂氛围

教学评价是贯穿于整个课堂教学始终的。因此，充分发挥教学雅美评价的诊断、激励和改善功能，将能极大地促进学生在雅美的评价中积极学习和发展，同时推动和改进教师在课堂中的教学，提高教师教学的质量。

（一）巧用诊断功能，助力达成教学目标

诊断功能是指教师借助于课堂教学评价的反馈信息，诊断课堂教学过程中有哪些方面偏离了所设定的教学目标；又有哪些方面得到了落实，是否需要继续保持；偏离目标后是否得到了改善。教师与学生在不断的修正和改进当中逐步接近、落实教学目标，进而提高教学质量和教学水平。

例如，笔者在执教《我们当地的风俗》这一课时，在课前便向同学们展示我们在本节课中所要达成的学习目标。学生在明了学习目标后，开始逐个完成学习任务，从分享"我所知道的风俗"开始，到"风俗的由来和演变"，最后是"风俗所承载的意蕴"。在整个教学的过程中，学生在教学雅美目标的指引下，层层深入。当某位学生分享出现偏差时，其他同学便像小老师一般，及时补充和纠正，使其重新步入"正轨"，合作完成学习分享任务。

（二）巧用激励功能，调动学生参与激情

在班杜拉的社会学习理论中，替代性学习也叫"观察学习"，即通过观察别人而进行的学习。观察学习是学生学习最重要的形式。学生的性格特点是具有向师性。学生认为老师表扬的和支持的便是好的、是正确的，因而他们乐于向这一方面趋近。

教师通过教学雅美评价，会激发学生争先的欲望和情绪，从而创造出一种正式或非正式的竞争环境，在教学过程中根据教学内容的特点和课堂活动的规律性，可以有意识地利用教学评价来强化被评对象之间的良性竞争情绪。这样，不仅能起到激励先进、鞭策后进的作用，还可以使教师预先设定的教学目标可以达成。

在执教《我们当地的风俗》这一课的教学过程中，学生起先不太敢上台分享自己所收集到的潮州风俗。大部分同学都处在一种"坐山观虎斗""隔岸观火"的状态当中。当有学生愿意举手上台分享时，笔者马上抓住机会，及时、准确、带有激励性地对其进行评价，使其他学生看在眼里，听在耳里，感在心

里。同时，笔者还在学生讲述得不完整的地方帮忙进行补充。这样做，既是为了让学生放下畏惧讲不好而遭批评和嘲笑的羞怯心理，也是为了发挥教学评价的激励功能，让学生敢于举手、乐于发言，从而调动学生参与课堂的激情，营造良好的课堂活动氛围。

（三）重视改善功能，贯穿评价始终

教师将在课堂上收集到的关于学生学习过程中的表现情况、学习态度、道德品行、价值观念、课堂教学目标达成情况等方面的信息及其意义传递给学生，在这个过程当中排查整理出课堂活动中存在的薄弱环节，并对这些薄弱环节提出改进的措施，这就是教学评价的改善功能。教学评价的改善功能，实际上贯穿于整个教学评价的方方面面的。教学评价一方面是为了促进教与学，另一方面则是为了检测教与学的过程中是否出现偏差，如果出现了，便及时加以修正，从而提高教与学的质量和效率。

总而言之，正确发挥教学雅美评价的功能有助于教师掌握课堂的总动向，更好地完成课堂教学目标和教学任务，方便教师对课堂进行全面性、整体性管理。与此同时，在进行教学评价的过程中，还能极大地调动学生的学习兴趣与课堂参与激情。这将使我们在落实核心素养培育任务、达成教学目标、激发学生学习兴趣、提高教学效率和质量上事半功倍，从而促进以评促教和以评促学的"教—学—评"三位一体实现。作为道法课的老师，要积极主动地在道法课堂中实施好雅美教学评价，为培养新时代全面发展的雅少年、构建向雅而生的课堂而贡献一份雅力量。

参考文献

中华人民共和国教育部.义务教育道德与法治课程标准（2022年版）［M］.北京：北京师范大学出版社，2022.

新课程标准下的语文学雅美评价：
从课堂反思到综合素养培养

广东省潮州市湘桥区城南小学　蔡烨

语文的学科评价是中国教育中非常重要的一个环节，它不仅关系学生的学习效果，还反映了教师的教学质量。然而，传统语文学科评价往往只关注学生的学业成绩，忽视了对学生综合素质和思维能力的培养。随着新课程标准的出台，语文学科的评价也面临着新的挑战。

本文旨在探讨新课程标准下的语文学科评价，以课堂反思为切入点，探讨课堂反思在语文学科评价中的作用，以及如何通过课堂反思培养学生的综合素质，从而为语文学科的评价提供依据、新的思路和方法。本论文的研究目的是探讨新课程标准下语文学科评价的新特点，以及课堂反思在语文学科评价中的作用，从而为提高学生的汉语素养提供参考，以助评价语言文雅、评价切实。

在方法上，本文将采用文献综述和案例分析相结合的方法进行研究。通过文献综述，了解国内外语文学科评价和课堂反思的最新研究成果和发展趋势；通过案例分析，考察新课程标准下课堂反思的应用情况，深入分析其对学生综合素质的影响。希望本论文的研究成果对完善语文学科评价、提高学生的汉语素养有一定的参考价值。

一、新课程标准下的语文学科评价

随着教育教学理念的不断更新和发展，人们对语文学科的评价要求也发生了变化。新课程标准的出台，给语文学科的评价带来了新的思路和方法。在此背景下，本论文将对新课程标准下的语文学科评价进行探讨。

（一）新课程标准对语文学科评价的要求

新课程标准对语文学科的评价提出了新的要求。首先，新课程标准要求，评价不仅要关注学生的语言知识掌握情况，还要关注学生的语言能力和综合素质。其次，新课程标准强调评价的多元化，关注学生的实际表现和学习过程，而不是仅仅关注学生的成绩。另外，新课程标准要求评价要体现多元文化的特点，关注学生的跨文化交际能力和语言应用能力。

（二）雅美评价方法与传统评价方法的比较

与传统评价方法相比，新课程标准下的语文学科评价在以下几个方面有所不同。首先，传统的评价方法主要关注学生的学业成绩和考试成绩，忽略了学生的学习过程和综合素质的培养。但是，新课程标准下的语文学科评价要求考虑学生的实际表现和能力，要注意发现和培养学生的潜力和能力。其次，传统的评价方法依赖于标准化考试，不具备灵活性和个性。但是，新课标下的语文学科评价要求评价方式多样化，不仅包括标准化考试，还包括日常学习过程中的表现和综合素质考查。最后，传统的评价方式注重传授知识和提高学习成绩，而新课程标准下的语文学科评价要求关注学生综合素质和思维能力的培养，关注学生创新能力和实践能力的培养。

（三）新课程标准下的语文学科评价的特点

新课程标准下的语文学科评价具有以下特点。首先，评价要关注学生的实际表现和能力，评价方式要多样化，要充分体现学生的差异和个性特点。其次，评价应注重学生综合素质和思维能力的培养，注重学生创新精神和实践能力的培养，促进学生全面发展。最后，评价要重视多元文化的特点，培养学生的跨文化交际能力和语言应用能力。通过以上特点，新课程标准下的语文学科评价可以更好地促进学生的个性发展和综合素质的提高。

总的来说，新课程标准下的语文学科评价要求学校和教师从传统的评价方式中解放出来，关注学生的实际表现和能力，实现评价方式的多样化，注重学生综合素质和思维能力的培养，关注多元文化的特点。这样可以更好地促进学生的个性发展和综合素质的提高，使学生能更好地适应社会发展的需要。

二、课堂反思在语文学科评价中的作用

（一）课堂反思的定义和意义

课堂反思是指教师或学生在课堂教学过程中对自己的教学或学习进行的反思和总结。它可以帮助教师和学生发现课堂上的问题和不足，找到改进的方法和途径，提高课堂效果和学习质量。在语文学科中，课堂反思具有重要意义。语文教学中涉及的知识点和技能相对复杂，学生需要不断进行语言表达和交流。通过课堂反思，教师和学生可以更好地了解语文教学的特点和规律，促进学生语言能力的提高。

（二）课堂反思在语文学科评价中的应用

课堂反思在语文学科评价中具有广泛的应用价值。首先，课堂反思可以帮助教师评价教学效果和教学方法的适用性。通过对课堂反思的分析，教师可以了解学生对课堂教学内容的掌握情况和反应，及时调整教学策略和方法，提高教学效果。其次，课堂反思可以帮助学生评价自己的学习情况和学习方法的效果。通过对课堂反思的总结和分析，学生可以了解自己在语文学科学习中存在的问题和不足，并及时进行改进和调整，提高学习效果。最后，课堂反思可以帮助教师和学生评价语文学科的教学质量和学习效果。通过对课堂反思的总结和分析，教师和学生可以对教学的效果和学习成果进行评价和反思，进一步提高教学的质量和水平。

（三）课堂反思与学生学习之间的关系

课堂反思与学生学习密切相关。课堂反思可以帮助学生及时发现自己在学习过程中的问题和不足，及时进行调整和改进，提高学习效果。同时，课堂反思可以帮助学生形成自主学习的习惯和能力，提高学生的自我管理和控制能力。通过课堂反思，学生可以自主找到适合自己的学习方法和策略，提高学习效率和效果。此外，课堂反思对培养学生的学习态度和意识也有积极作用。课堂反思可以帮助学生认识到自己的学习过程和结果是自己努力的结果，从而更加珍惜学习机会，提高学习的积极性和主动性。同时，课堂反思还可以培养学生的批判性思维能力和创新精神，激发学生的学习兴趣和创造力。

总之，课堂反思在语文学科评价中发挥着重要作用，它可以帮助教师和学生发现和解决问题，促进有效教学，提高教学质量和学习效果。对于学生来

说，课堂反思还可以培养学生的自主学习能力、创新意识和批判性思维能力，对学生今后的学习和生活有着长远的影响。因此，教师和学生都应重视课堂反思的实践和应用，不断改进和完善教学方法和学习方法，实现教育教学的有效实施。

三、从课堂反思到综合素养培养

（一）课堂反思与综合素养的关系

综合素养是指个人在知识、能力、道德、态度等方面的全面发展和综合提高。它是一种多元化、系统化的能力和素质。课堂反思与综合素养之间存在着密切的关系。课堂反思可以帮助学生在学习过程中形成自我评价、自我反思的习惯，提高学生的思维能力、学习能力和自我管理能力。这些能力和素质是综合素养的核心内容。因此，通过课堂反思的实践，可以有效培养学生的综合素质。

（二）如何通过课堂反思培养学生的综合素质

1. 培养学生的自我评价和自我反思能力

课堂反思可以帮助学生对自己的学习和思维过程进行独立评价和反思。通过自我评价和自我反思，学生可以对自己的学习情况有更清晰的认识，发现自己的不足，并采取相应的措施加以改进。这可以帮助学生不断提高自己的能力和素质，提高自己的综合素质。

2. 培养学生的思维能力和学习能力

课堂反思可以帮助学生独立思考和总结课堂学习内容，提高学生的思维能力和学习能力。通过课堂反思，学生可以掌握更加科学、合理、高效的学习方法和策略，进一步提高学习效果和成果。

3. 培养学生的自我管理能力

课堂反思可以帮助学生养成自我管理、自我控制的习惯，提高学生的自我管理能力。通过课堂反思，学生可以及时发现自己的不足和问题，独立寻找解决问题的方法，并采取相应的行动加以改进。这样可以帮助学生更好地管理自己的学习和生活，提高自控能力，进一步提高综合素质。

（三）课堂反思在综合素养评价中的应用

在综合素养评价中，课堂反思可以作为一种有效的评价方法。通过课堂反思，可以评价学生的自我评价和自我反思能力、思维能力和学习能力、自我管理能力，从而更全面、客观、准确地评价学生的综合素养水平。同时，课堂反思也可以成为评价学生综合素养的参考标准，并使学生在反思和实践中不断提高自身能力和素质。

此外，课堂反思还可以成为学校综合素养教育的一个重要组成部分。学校可以通过组织课堂反思活动，开展综合素质评价，全面培养学生的自我评价与自我反思、思考与学习、自我管理等能力，帮助学生全面发展和提高综合素质。

总之，课堂反思是培养学生综合素质的重要途径，也是综合素质评价的重要手段。在课堂教学中，要注意引导学生进行实践反思，培养学生的自我评价和自我反思能力、思考和学习能力、自我管理能力，从而帮助学生全面发展，提高综合素质。

四、结论

总之，课堂反思与综合素养之间存在着密切的关系，课堂反思是培养学生综合素养的重要途径之一。通过课堂反思的实践，可以帮助学生形成自我评价、自我反思的习惯，提高学生的思维能力、学习能力和自我管理能力，进一步提高学生的综合素质。在综合素养的评价中，可以把课堂反思作为一种有效的评价手段，更加全面、准确地评价学生的综合素养水平。因此，在教学实践中，教师应重视课堂反思的应用，注重培养学生的综合素质，为学生的全面发展和未来成长奠定坚实的基础，使学生成就雅美人生。

参考文献

[1] 陈芳.课堂反思与综合素养培养的研究 [J].教育教学论坛，2019（13）：130-131.

[2] 刘秋实，杨萍.课堂反思与综合素质教育的融合 [J].教育教学论坛，2019（15）：129-130.

[3] 邱红霞.课堂反思在综合素养教育中的应用 [J].教育教学论坛，2018（12）：121-122.

[4] 宋志华.课堂反思在综合素养培养中的应用 [J].现代教育管理，2017（12）：109-110.

雅实教育之数学课堂教学评价
与学业质量评价研究

广东省潮州市湘桥区城南小学　张淑云

《数学课程标准》指出，课堂评价应该以学生的发展为评价目标，同时要重视学生的情感和态度的形成与发展，在关注学生数学成效的同时，更要加大对学生学习过程中的变化和发展的关注。学业质量评价其最终目的也是对学生数学综合能力水平进行评价。所以，加大对两者的研究对有效培育小学生数学核心素养具有重要作用。

一、雅实教育教学课堂教学评价与学业质量评价的关系

课堂教学评价与学业评价分别考查的是教与学的效果。两者之间存在内在联系，即学业评价中出现的问题也是教学评价中出现的不足与缺陷；教学评价中出现的问题也是学业评价中所存在的。具体表现为：教学评价和学业评价的目的都是检验教学中存在问题，进而采取有针对性的改进教学和学习方式。教学评价为学业评价提供分析、判断问题，更加准确地分析和判断影响学生学业。学业评价为教学评价提供基础，教师可以通过班级的实际学情，给予学生针对性的评级。

二、雅实教育教学课堂教学评价与学业质量评价策略

（一）强调多元化评价，重视自我评价和互评的作用

数学核心素养的复杂性，决定了多元评价的必然性。只有综合收集各方

信息，才能够更好地使教师明确教学效果，促进学生数学素养的提升。教师作为学业质量评价的主体需承担更多的职责。根据学生的实际学情，采取有针对性的评价方式，并针对学生每节课、每个单元、每学期的教学、学习目标，进行整理反馈，根据学业质量评价结果，调整好教学策略，多采取鼓励式的课堂评价方式，体现雅评价，帮助学生改进学习方法，提高学习效率。并且在针对学生评价时，要重视同伴评价与自我评价的开展，形成多元化的评价模式。同伴评价能够使学生反思自身是否存在问题，更有利于学生综合能力的形成。例如，在学习"大数的认识"这一课时，主要是使学生认识万级、亿级数，并用万、亿作为单位表示大数以及近似数的大小比较等，使学生形成整数概念。所以，在教学时，教师可以通过"猜一猜"的游戏方式，利用多媒体播放一些物品的图片，然后让学生根据价格从高到低进行排列。当学生做好排列之后，教师再对学生的排列结果进行总结，并给出每个物品的价格，提高学生对数字大小的认识。在这个过程中，教师可以先让评价的学生将自己的结果说出来，再让学生进行评价。然后教师根据学生的排列结果进行最后的总结，促进学生对大数的认识与理解。

（二）强调多维度评价，使学生在情境中形成数学素养

教师进行评价时，不应该单纯地只是对考试分数进行评价，而是应该将数学思维、数学认识纳入评价体系，促进多维度评价体系的形成，提高学生对数学知识的掌握，提高其学习质量。首先是数学思维的评价维度，主要是针对数学基础知识技能掌握情况进行评价，主要以笔试测验的结果作为评价根据。例如，在学习"三位数乘以两位数""除法是两位数的除法"时，教师要想知晓学生对课程的掌握情况，就需要采用笔试测试或是课堂测试的方式。教师根据学生课后作业的完成正确率进行分析，分析学生出现错误的原因是马虎还是没有掌握计算方法，然后在课上在进行知识点的梳理。教师针对作业给出的评语要针对学生的错误给出有针对性的意见，让学生反思是由于马虎还是由于计算方法没有掌握，促进学生良好计算能力的形成。其次是数学认知评价维度。该维度主要针对学生认识与理解进行评价。认识主要是指学生能够根据情境识别相关的数学基本知识。理解主要是指在具体情境中对所学的数学基本知识进行运用。例如，在学习"角的度量"单元时，教师可以利用多媒体播放飞在天上的风筝与地面形成的角，然后画一个两条线段只有5厘米的100度的钝角，然后让学生比较两个角的大小,大部分学生都会根据风筝与人的朝向认为是风筝与地面的角,所以认为100度的钝角大。但是这种认识是片面的,因为教师并没有指出具体的角。这就是认识与理解上的错误,因为风筝与地面的另一面角也是100度。所以,教师在进行教学时应该加强引导学生思维、认知的评价方式,扩展学生思维,促进学生核心素养的形成。

(三)强调多层次评价,提高评价内容的全面性

数学核心素养具有过程性,学生可以通过阶段性数学学习形成对周围事物的认识处理能力。所以,在进行评价时,要采取多层次评价策略,如课间评价、期中评价、期末评价等。通过层次性的评价反馈教学、学习效果。各项评价应该立足于数学核心素养的形成,如课间评价,师生之间通过课堂表现进行评价,教师在评价学生时,要给予学生充分的肯定,为学生营造良好的课堂学习氛围,使学生愿意参与课堂活动,这样教师才能够知晓学生对知识的掌握情况。在学习"平行四边形与梯形"这一课时,教师应该多引导学生发现身边物体的形状,让学生自觉发现身边的图形,对于课堂活跃度高的学生给予积极的表扬,对于活跃度低的学生给予引导与鼓励。当然,并不能够单凭学生的课堂活跃来评价一个学生学习的情况,课后作业完成情况,期中、期末测试成绩也都是评价学生学习情况的重要依据。教师在评价学生时,应该全方位地了解学生,对学生的评价要公平、雅实,以免评价结果的片面。

雅实教育数学课堂教学评价与学业评价两者之间的有效结合是促进学生数学素养提升的前提保障。在小学数学评价过程中,教师既然作为评价的主体,就要担负起主要的责任,不断优化评价方式,通过多元化、多维度、多层次的评价方式,提高课堂教学评价与学业评价的全面性,完整评估小学数学核心素养形成的情况,促进小学数学良好课堂质量的形成。

附:评价表

1.学生自我评价表

序号	内容	星级表现
1	我的学习状态	☆☆☆☆☆
2	我能做好课前准备	☆☆☆☆☆

续　表

序号	内容		星级表现
3	我能积极举手发言	回答问题	☆ ☆ ☆ ☆ ☆
		提出问题	☆ ☆ ☆ ☆ ☆
4	我能认真聆听与思考		☆ ☆ ☆ ☆ ☆
5	我能积极思考，有一些奇思妙想		☆ ☆ ☆ ☆ ☆
6	我愿意与同学进行交流分享		☆ ☆ ☆ ☆ ☆
7	我能得到他人表扬		☆ ☆ ☆ ☆ ☆
8	我能听得懂本节课的知识		☆ ☆ ☆ ☆ ☆
9	我会运用本节课的知识		☆ ☆ ☆ ☆ ☆
我对自己本节课表现的总体评价			☆ ☆ ☆ ☆ ☆
课前准备：			☆ ☆ ☆ ☆ ☆
我的思考：			☆ ☆ ☆ ☆ ☆
我学会了：			☆ ☆ ☆ ☆ ☆
备注：请根据自己本节课的实际表现填涂，得分越高填涂的个数越多			

2. 他人评价表

参与评价人员	教师	同学1	同学2	同学3
课堂学习情况				
发言的表现				
交流讨论的过程				
学习态度				
备注：认为被评价者表现非常好的记为A，表现良好的记为B，表现合格的记为C				

3. 学生课堂表现评价量表

项目	A级	B级	C级	个人评价	同学评价	教师评价
认真	上课认真听讲，作业认真，参与讨论态度认真	上课能认真听讲，作业按时完成，有参与讨论	上课无心听讲，经常欠交作业，极少参与讨论			
积极	积极举手发言，积极参与讨论与交流，大量阅读课外读物	能举手发言，有参与讨论与交流，有阅读课外读物	很少举手，极少参与讨论与交流，没有阅读课外读物			

项目	A级	B级	C级	个人评价	同学评价	教师评价
自信	大胆提出和别人不同的问题，大胆尝试并表达自己的想法	有提出自己的不同看法，并做出尝试	不敢提出和别人不同的问题，不敢尝试和表达自己的想法			
善于与人合作	善于与人合作，虚心听取别人的意见	能与人合作，能接受别人的意见	缺乏与人合作的精神，难以听进别人的意见			
思维的条理性	能有条理表达自己的意见，解决问题的过程清楚，做事有计划	能表达自己的意见，有解决问题的能力，但条理性差些	不能准确表达自己的意思，做事缺乏计划性、条理性，不能独立解决问题			
思维的创造性	具有创造性思维，能用不同的方法解决问题，独立思考	能用教师提供的方法解决问题，有一定的思考能力和创造性	思考能力差，缺乏创造性，不能独立解决问题			
运用本节课的知识	能掌握本节课的知识点，基础题扎实，会做拓展题	能掌握本节课的知识点，基础题扎实，会做部分拓展题	能掌握本节课的知识点，基础题基本掌握			

我这样评价自己：

伙伴眼里的我：

老师的话：

参考文献

［1］任子朝，陈昂，赵轩.数学核心素养评价研究［J］.课程·教材·教法，2018（5）：116-121.

［2］刘志军，徐彬.教育评价：应然性与实然性的博弈及超越［J］.教育研究，2019（5）：10-17.

小谈教学评价"潜入"雅美课堂中

广东省潮州市湘桥区城南小学　谢秀洁

　　我们常说教育是一门科学，也是一门艺术。而教学也是如此。课堂中的教学又如战场，更是临时的呈现艺术。教无定法，学有可循，都是一门门探索的艺术。德国教育家第斯多惠曾说过，教学的艺术不在于传授本领，而是善于激励、唤醒和鼓舞。作为一线教师的我，常在课堂中进行反思，常在优秀教师的课中汲取经验，常在培训中学习新的理念，我认为教学评价"潜入"雅美课堂，是善于对孩子的激励、唤醒和鼓舞。

　　教学评价是根据教学目标与教学过程及结果进行价值判断，并为教学决策服务的活动，是对教学活动的现实或潜在的价值作出判断的过程。教学评价是研究教师的教和学生的学的价值过程。

　　俗话说："数子十过，不如奖其一功。"这句话体现了一种评价增效效应。我国教育家叶圣陶先生提出："凡为教，目的在于达到不需要教。"而我们的教学评价也是需要在教中学会方法，潜移默化，慢慢放手，最终达到不需要教的层次。

一、雅美课堂教学评价角色不同

　　新课标下的课堂，是以学生为主体，以教师为主导的雅美课堂，所以我们的评价不单是教师对学生的评价，也可是师生互评、生生互评、组组互评，也可是对所学课文的主人公进行评价，可以是对学习文中的景物进行评价等。

　　例如，学习诗词中的《长相思》，让同学们想象并写一写词人思念故园的温馨美好一幕，更突出现实出征之苦，但词人仍不后悔选择。我问学生："你们如何来评价词人？"学生会点评此人爱国爱家，爱大家胜于爱小家，明白有国才有家，自然而然地培养了学生热爱祖国的情感。这比起让他们小结表现作者的什么情感更为深刻，不教自明，思路与情感显得水到渠成。

学习《鸟的天堂》，引导学生对文中的鸟的多、美、快乐及鸟的天堂进行评价，从而感受南国之美、背后的人文之美，激发学生热爱大自然、热爱我们这一片土地的情感。学习《青山不老》，我问："你如何评价文中老人？"学生会说，老人用一生践行了习近平总书记的一句话："绿水青山就是金山银山。"我们要保护地球、保护人类家园。

通过评价文中的老人，感受人物的毅力和伟大的人格，发现雅，感受雅，评价雅，比教师一味去总结文中的人物和主题显得更有教育实效。

在教学评价中，学生对评价教师觉得非常新颖，兴趣较高，展示了小老师的能力，促进了学生学习方法和效果。

在课堂教学中，我最喜欢自己朗读示范环节，或我加入学生的节目表演中，让学生评老师。例如，教学六年级上册《匆匆》，课文饱含深情，流露对时光流逝的无奈和惋惜，但不消沉。学生能从感情、音调音准和语速上对我进行评价，我一一点头接受，学生评价完后，很是高兴。当全班齐读课文，学生读起来有模有样，甚至青出于蓝而胜于蓝。

又如，学习五年级下册第二单元中的口语交际《怎么表演课本剧》。我们通过小视频了解什么是课本剧，再了解怎么演。然后我同几名同学一组，我当主持人，几名同学在我的组织下，讨论如何来表演课本剧。随后，我请其他同学对我主持人和我们的组员进行评价。同学们会根据表演课本剧的步骤和方法，对组员发言和表演等方面都进行了评价。在同学的评价发言中，其他同学也学到了方法。新课标倡导自主、合作、探究的学习方式，学生通过小组合作探究并进行展示表演，通过互评来发现各组之间的优势与不足。学生的眼睛是明亮的，及时发现同学的雅，及时反馈，及时点评，这一评价激起了学生的学习热情，也有效提升了学习的效果。

二、雅美课堂教学评价形式多样

（一）课前预习评价

学习贵在问，在疑。陶行知先生说过，发现千千万万，起点是一问。课前，我尝试设计预习单，一般分为四个方块。第一，我会读（积累词语）。第二，我知道文中的大意。第三，我印象深刻的部分。第四，我想问或其他考同学的问题。

学课文之前对预习情况做自我评价，预习能解决一项的得一颗智慧星。预习的评价，其一可了解学生预习的情况，其二可培养学生预习时乐于学习，潜移默化，寻求如何提出和解决问题，逐渐培养独立学习习惯。正如《孔子家语》所云："少成若天性，习惯如自然。"渐渐地，学生重视预习，在预习中，学会评价自己的所得所疑。

（二）课内探究和反馈评价

我们雅美课堂的评价，几乎潜入于整个课堂的点滴。比如，朗读星级评价表。学习《慈母情深》一课，我以问题"你从文中哪里可以感受到慈母情深"引导学生对课文的理解。

同学们纷纷反馈，谈自己的理解并找出文中相应的段落。有的说从母亲站起来的一连串动作可以感受到慈母情深，母亲为了这个家，为了孩子，争分夺秒地工作；有的说从钱是一沓，可知钱攒了很久，也可知挣钱不易，但母亲对于作者买书非常大方，从这里可以看出慈母情深；有的说从龟裂的手，可以感受到母亲工作的辛苦与时间之长，等等。学生每次分享后找出相应的段落，我都对朗读进行引导，鼓励同学从语音、停顿、情感、表达流利方面等进行评价，指导朗读。

当学生分享课文后，在拓展延伸的环节，我让同学们分享生活中自己感受到慈母情深的事例，并请其他同学进行评价。同时，我出示星级表给予评价。一颗星——事例清楚；两颗星——事例清楚、真实；三颗星——事例清楚、真实、有感情；四颗星——事例清楚、真实、有感情、事例典型。通过这节课，同学们发现其实爱就在我们身边。

（三）整节课收获评价

一节课的收获，可以从纪律上、课堂收获上、课堂参与上、小组合作上对自己进行评价。我让学生问自己：对自己满意了吗？如何改善不足之处？同学们由此看到自己的不足及努力方向。我对表现好的同学，在他们书的空白处贴上了智慧星，积累到期末，以智慧星的多少给予不同的奖励。

学无止境，教无定法，评无定则。"问渠那得清如许，为有源头活水来"，我们不断努力学习，勤于思考、探索，使自己不断更新知识与教学方法，不断改善我们的教学评价，让评价在雅美课堂中，在学生中有实效、有意义，促使学生学会雅评价，喜欢雅评价，增益于学习。让学生更加热爱语文，热爱祖国语言文字。

参考文献

［1］中华人民共和国教育部.义务教育语文课程标准（2022年版）［M］.北京：北京师范大学出版社，2022.

［2］黄文峰."教学评一体化"理念下小学语文阶段性评价的诊学探索［J］.小学语文，2023（2）：70–76.

浅析艺雅教学评价在小学音乐
课堂中的巧妙运用

广东省潮州市湘桥区城南小学　曾艳

孔子曰："移风易俗，莫善于乐。"音乐从遥远的"劳动号子"发展成为古代读书人的必修课，再历经古今中外不同时期的演绎发展，内容形式丰富多样，形成一门学科。作为培养学生感知、发现、体验和欣赏美的教育途径，音乐教育一直以来都是学科教育中必不可少的。多数学生接受优秀音乐教育的主要途径往往是学校的课堂音乐教育。而音乐教师的职责是以德育人，以乐化人，以乐润心，在课堂教学过程中提升学生的审美感知能力，培养学生的人文素养。

艺雅教学评价的有效运用直接影响到学生对知识技能和对知识目标的掌握，有助于促进学生成长、教师专业发展和提高课堂教学整体质量。教育学家夸美纽斯曾说过："教师的嘴就是一个源泉，从那里可以发出知识的溪流。"除了传授知识外，教师评价学生的语言艺术同样发挥举足轻重的作用。一节成功的音乐课，不仅是教师认真备好课，精心设计好每个教学环节，更需要教师与学生之间的交流配合，教师只有对学生的回答及时进行反馈评价，才能使学生在音乐课堂中更好更快地掌握音乐知识。

《义务教育艺术课程标准（2022年版）》指出："评价是检验提升教学质量的重要方式和手段，要充分发挥评价的诊断、激励和改善功能，促进学生发展。"这正与"双减"政策有契合之处，"双减"政策的目标是减轻家长和学生的学习压力，让学生抽出时间来培养兴趣爱好，做到全科教育全面发展，这也对教师的课堂教学评价提出更高的要求。

在以学生为主体，教师为主导的教学过程中，如何导？这是音乐教师必修的一门艺术。传统的先教后学教学模式，往往容易让学生在课堂上失去兴趣，被动接受知识。结合当前"双减"政策的实际，教师想要及时了解学生真实学习情况，把意见反馈给学生，进行教学评价改革是必然趋势。教学评价体系的建立和实施，可以充分发挥评价的导向性，由先教后学转变为先学后教，以学生为主体，发挥教师的主导作用。我们要通过有效的教学评价方式，充分调动学生参与音乐课堂的主动性。而新形势下音乐课对学生的评价方式，不能只停留在简单的乐理测试和期末歌曲演唱测试。检测评价不能简单地在课堂上跟学生讲对与不对，好与不好，也不是一句简单的鼓励的话语，而应该是多元化客观综合评价学生。艺雅教学评价在小学音乐课堂中的巧妙运用，方法示例如下。

一、好的开头是成功的一半

给学生制定有指向性的音乐学科课前评价，是一堂课成功的一半，内容包括关于课前纪律的评价。良好的纪律是教学的保障。学生对于音乐课的思想认知往往存在着一种"副科"的心理，如果课堂纪律把控不好，容易出现松散的现象。制定课前评价的主要目的是营造良好的教学环境和教学秩序。音乐教师一般课时量较大，任课的班级也较多，课前的评价工作量较大，为了解决这一难题，可以在班里挑选有责任心、敢管敢担的小组长来帮助教师根据课前的评价管理好班里的纪律。教师在课堂上也要多重视对这些小帮手的鼓励和培养，在班级课堂管理中树立遵纪守纪的好榜样。制定好课前评价表，既锻炼了小组长的管理能力，又让课前井然有序，为上好一堂音乐课做一个良好的开端。同时，要养成学生良好的课前行为习惯，就如同对学生进行音乐技能的训练，学生需要长期不断地培养，才能形成一种良好的惯性。

课前评价是把学生引入教学圣境之中的上课艺术，为有效组织好教学，确保课堂秩序的优质和高效，形成严谨有序、动静结合的课堂教学氛围，凸显多彩的艺术教学特色，可从以下三个方面进行评价：入室即静，不迟到、不旷课、不私自换座位、不带其他科作业，爱书。

学号	评价标准			
	入室即静	不迟到、不旷课、不私自换座位、不带其他科作业	爱书（期末完好无损+2）	课前评价总分

二、课堂艺雅评价促成长

冼星海先生说："音乐，是人生最大的快乐；音乐，是人生中的一股清泉；音乐，是陶冶性情的熔炉。"作为音乐教师，我们就是要把这种音乐上的快乐，通过艺术的教学评价方式传递给学生。

1. 优化课堂评价语言

激励性的评价语言好比扬帆的劲风，推动着学生前进。结合小学生活泼、好奇心强的特点，在学生学习了新授的音乐知识后，鼓励学生不断探索和创新，唤醒学生的表演欲。比如，五年级上册《古诗新唱——春晓》一课中，在拓展创编环节，让学生可以尝试用《春晓》的曲调，填入其他描写春天的古诗词。有学生立马举手抢答《咏柳》，有学生举手回答《春夜喜雨》。显然，《春夜喜雨》与《春晓》同样都是五言绝句，更能替换填入歌曲中，即第二位同学的答案更好一些，但如果教师评价第一位同学错，第二位同学对，则可能打击到第一位同学的积极性。这时，教师可以用激励性的评价说："两位同学的回答都非常好，立马就能从脑海中想到描写春天的古诗，说明同学的思维非常敏捷。哪一首古诗更适合填入歌曲中？同学们一起来试一试！"这既不打击学生的积极性，又引导学生主动探究学习。

2. 巧用幽默评价语言

苏联教育家斯维特洛夫说："教育家最重要的也是第一位的助手是幽默。"教师幽默风趣的语言评价可以吸引学生的注意力，又可以给学生提神。学生遇到一位幽默风趣的老师，会觉得一节课不知不觉就结束，会有意犹未尽之感，既放松了紧绷的神经，又驱赶了学习的疲劳，这节课就真正达到了以乐育人的效果。学会幽默使用评价语言，是音乐教师在课堂中更好把握课堂纪律的法宝。在笑声中，课堂充满活力，为日常教学润色不少，把原本枯燥、难懂、难记的知识变得通俗易懂，印象深刻。例如，在教唱四年级下册《茉莉花》后，学生仍然没有唱出江苏民歌委婉柔和的感觉。整首唱完后，我跟学生讲："我怎么感觉仿佛来到了东北，听到一群豪爽的东北大汉在唱江苏民歌。"学生不好意思地笑了，也意识到歌唱的声音太过高亢明亮，需要收小声些。轻声，更能唱出优美委婉的感觉。

3. 善用无声评价语言

课堂上，教师给予学生的评价，除了激励性评价外，还可以用无声的体态语言给予学生鼓励与肯定。学生同样能够接收到老师赞许、关爱的信息。例如，在课堂上，对于老师的提问，有的学生内心有了自己的答案，但因缺乏自信，不敢把自己独特的见解讲出来。这时，如果老师注意到这个孩子的神情，能够及时给予一个肯定的微笑、一个期待眼神的话，就会增强学生自我表现的信心。记得在给五年级学生上《卡农歌》这一课时，学生分声部练习后，进行二声部的复调轮唱练习。突然一位学生小声说道："我觉得一声部更难啊。"由于他坐在第一排，他说的话刚好被我听到了。一般课本中的歌曲普遍都是一声部容易，二声部较难。而卡农歌这首歌曲比较特殊，一声部中间巧妙地运用了四拍半的休止，换了先后的顺序轮唱。对于五年级的学生来说，四拍半的休止确实比较难合节奏，比较难数拍。而这名同学正是注意到了这一点，也说明了他是经过认真思考、练习发现的问题。为了表扬这名学生敢于发现难点、发现问题的精神，我面带欣喜的表情向全班同学说："咦，我刚刚听到一个声音说得非常好，这位同学发现什么了？我想请他来说一说。"然后我用眼神鼓励这名学生大胆讲出他的见解。回答后，我用言语表扬了这名学生善于发现问题的精神，对他竖起大拇指鼓励他继续保持。

三、课后艺雅评价锦上添花

课后评价是自我评价、相互评价、师生评价与反思的过程。打破传统音乐课缺乏跟踪评价的模式，即上完课就结束课程。课后评价表可以让学生依据评价表中的评价标准和要求来评价自己，反思学习过程中存在的优势和不足，形成追求进步的目标，既培养了学生主动学习的负责任态度，又培养了学生自主学习的能力。同时，学生在相互评价中，互相督促，互相交流，锻炼了语言思维能力。以六年级下册《名曲欣赏——黄河大合唱》为例制定课后评价量化表：

评价目标	评价标准	得分		
		自评	互评	师评
演唱	能够用准确的节奏和音调演唱音乐主题			
	能够用坚定有力的声音演唱歌曲《保卫黄河》，能够与同学合作完成二部轮唱			
音乐知识	能够说出《黄河大合唱》的词曲作者			
	能够说出《黄河大合唱》八个乐章的名称，知道每个乐章的演唱形式			
个人表现	能够利用图片、语言、肢体语言表达对音乐的理解			
文化理解	理解作品的创作背景、理解每个乐章表达的内容			

　　教育是一种温暖的爱。教师在教学评价时心中应有"爱"，才能从爱护学生的角度出发，动之以情，晓之以理。感受是相互的，学生会感受到老师的真诚，接受老师的评价，而这正是教学评价的巧妙之处。多年积累的教学功底、优秀的口才评价素养和正确的育人教学观念，是教师毕生所求。

参考文献

余文森.核心素养导向的课堂教学［M］.上海：上海教育出版社，2017.

关于《体育与健康》义务教育阶段雅美教学评价核心的思考

广东省潮州市湘桥区城南小学　陈剑锋

义务教育阶段的《体育与健康》以身体练习为主要学习手段，学习内容以课程的知识、技能和方法为主，其目的是发展学生的核心素养、增进学生身心健康。教学评价作为一个检验教学效果的活动，需要确保其评价内容设计的合理性与有效性。教学评价的核心环节分为两个部分：教师教学评估、学生学习效果评价。本文主要从这两个方面进行思考分析。

一、雅美教学

1. 立德为先

若将一个班级比喻成一辆汽车，教师就是发动机，是车辆的原动力。教师只有本身的综合素养足够强，才能有效输出，给予学生源源不断的牵引力。作为学生的引领人，笔者认为"德"是最重要的。尽管一位教师技术高超、荣誉傍身，但只要个人品德方面出现一点缺陷那便是致命的，尤其是在义务教育阶段的学生，他们尚未形成正确和较完整的"三观"，容易为教师所影响。因此，评价一个教师，撇开技术知识水平，应该把德放在第一位，之后是较高的专业素养与较高的文化素养与心理素质。这样才能使教师在雅美教学中以身作则，潜移默化地影响学生，培养与提高学生素养。

2. 育人为先

评价一个学生在体育方面是否"完整"，仅仅评价其掌握的项目知识与技能是远远不够的。学生作为学习的主体，对其的评价不应局限于知识与技能。因此，教师在雅美教学设计中，除了关注体育与健康知识和技能的学习，更要关注体育与健康课程的育人成效，将重心偏向核心素养的培养，即学生的运动能力、健康行为、体育品德。雅美教学内容要以"学生"为中心展开。把握好主体，才能在评价中真实客观地反映出问题所在。

3. 全面发展

基于核心素养制定明确的学习目标。教师在雅美教学目标制定中，应该考虑将学生核心素养有机渗透到基本运动技能、体能、健康教育等方面，并且雅美教学内容的选择和设计要充分考虑学生的生长发育特点、体质状况、运动基础、兴趣和需求等，做到因材施教，同时注重学习目标的可观察性与表现性。在雅美教学内容上应当针对学习目标与学生特点进行合理安排，使学习目标明确、具体、可操作并具有成效。

4. 变教为学

从"以教为主"真正转变为"以学为主"。将过分关注传授知识与技能转变为培养学生核心素养，促进学生形成积极的学习动机、学习态度与学习行为。教师应摒弃说课、集体放羊、安全课、单一技术课、测试课等"应付了事"的教学态度，在雅美教学过程中除了知识技能传授，更要在情境设置中体现健康知识与体育品质等，将"学、练、赛"进行有机结合，引导学生在主动学习的过程中享受体育运动带来的乐趣，在做中学、学中思、思中得。同时，在必要时，教师应该将板书融入雅美课堂教学，并学会运用信息化技术强化教育手段与方法，打破学习的时空壁垒，将线下与线上相结合，帮助学生拓宽体育与健康课程的学习视野。

5. 内外兼修

落实每天校内外各锻炼"1小时"的要求，加强课内外体育活动的有机结合。教师应在提高课内教学质量的基础上，积极组织、指导学生参与校内外多形式的课外体育活动和比赛等，同时布置体育家庭作业，家校联合，促进学生每日多练，养成良好的锻炼习惯，缓解文化课的学习压力，调整身心，以体练品。

二、学生雅美评价

1. 运动能力评价

运动能力是学生在身体练习过程中所表现出来的综合运动能力，包括体能状况、运动认知与技术运用、体育展示或比赛三个方面，主要体现在基本运动技能、体能、专项运动技能的掌握与运用。教师在设计评价体系时应该遵循学生身心发展规律分阶段进行测评，按照水平一、二、三阶段，结合教材合理设置三个阶段的测试项目，紧扣学业质量要求测评学生在运动能力方面的发展水平。其中不乏同一阶段个体之间的差异，在差异区间较大时可以适当细分评价标准。如今学生这个群体，特别是义务教育阶段中的小学阶段，有一部分学生参与体育锻炼的积极性极低，导致整体体锻水平低下，细化评价标准，可以有效鼓励这部分学生，增加其锻炼的自主性。

2. 健康行为评价

体育与健康，往往是头重脚轻，只注重前面"体育"二字却忽视了紧随其后的"健康"。健康行为是指学生增进身心健康和积极适应外部环境的综合表现，包括体育锻炼的意识与习惯、健康知识与技能的掌握与运用、情绪调控、环境适应四个维度。当前的评价体系中，学生健康意识缺乏，对于自身机体认识有限，教师应当依据健康行为的几个方面设立评价项目来帮助学生树立健康意识，如养成良好的锻炼、饮食、作息和卫生习惯，增强安全意识，预防损伤和疾病并远离不良嗜好。

3. 体育品德评价

体育品德的养成，是一个"完整"体育人的基础。体育品德是学生在体育运动中应当遵循的行为规范和体育伦理，以及形成的价值追求和精神风貌。它包括体育精神、体育道德和体育品格。积极进取、勇敢顽强、迎难而上、团队精神是体育精神的主要体现。体育道德包括规则意识、尊重对手、尊重裁判、讲诚信、公平竞争。体育品格是自尊自信、文明礼貌、正确的胜负观。品德评价应注重以上几个方面。教师可以通过举行比赛、设立特殊情境，应用诸如清单式评价、观察评价、问卷调查等对学生的体育品德进行测评。

4. 学业水平测试

单方面的知识与技能测试已经无法满足新时代对于体育人才的要求，以良好的核心素养打底，全方面发展才是体育人的归宿。测试以核心素养水平为测试内容，根据学业质量要求提炼具体测试指标并设计命题，创设贴近生活，具有评价意义的应用性情境，引导学生在已学知识与技能的基础上分析问题和解决问题，反映核心素养的发展水平及学业质量的完成情况。采用实践测试与纸笔测试相结合的方式，针对健康教育、体育文化与体育精神通过笔试进行考核评价。

三、结论与建议

1. 结论

体育雅美教学评价作为体育教学中的一个重要环节，是在教与学两者之间相互验证的桥梁，需要紧密联系雅美教学活动。它于教师可帮助其检验教学目的的有效性、教学方法的合理性、教学过程是否完整，于学生可以判断其知识接受的情况、形成的价值是否正确、在具体情境中是否具有较好的应用性。通过雅美教学评价，提取教与学的反馈信息，调整两者的同步性，形成较好的反作用关系，提升教学质量。

2. 建议

如今的教学评价可能存在同一个学生在不同教师的观察下并不一样的结果。对于学生学习效果的评价而言，依旧为技术技能教育观所影响，过于注重体能以及技术技能的评判并不符合新课标要求，应当在以人为本的基础上，给予学生的综合素质更多关注。

同时，雅美教学评价作为检验雅美教学成果的活动，需要做到科学合理、客观公正，带个人主观情感的评价不可取。唯有如此，才能客观体现教师的教学质量以及学生的较为真实的学习状况，为引导和改进教学思路提供依据。

社会在发展，科学文化水平在进步，良好的个人修养、优秀的专业素质越来越得到人们的重视。一个拥有良好品德与较强心理素质的人、一个全面发展的人，终能走得更远！

参考文献

［1］尚子靖.对体育教学评价的理论思考［J］.现代交际，2014（11）：
   172.

［2］丛晨，何劲鹏.浅谈体育核心素养在中小学体育课堂上的培养：评《中小学生体育核心素养培养策略与方法》［J］.中国教育学刊，2017（12）：120.

［3］谈永康.教学评价的研究［J］.小学教学研究，2020（28）：5.

［4］李百通.小学体育教学对学生体育核心素养的培养［J］.运动，2018（2）：119，87.